职业教育一体化课程改革系列教材——汽车技术服务与营销

动力电池及充电系统检修

主　编　罗彩茹　温立全　魏　强
副主编　袁　洪　吴继坚　王伟治　韩东阳

西南交通大学出版社
·成都·

图书在版编目（CIP）数据

动力电池及充电系统检修 / 罗彩茹，温立全，魏强主编. -- 成都：西南交通大学出版社，2024.7.
ISBN 978-7-5643-9909-2

Ⅰ. U469.720.7；TM91

中国国家版本馆CIP数据核字第2024XM8795号

Dongli Dianchi ji Chongdian Xitong Jianxiu
动力电池及充电系统检修

主编 罗彩茹 温立全 魏 强

责任编辑	李 伟
封面设计	墨创文化
出版发行	西南交通大学出版社 （四川省成都市金牛区二环路北一段111号 西南交通大学创新大厦21楼）
营销部电话	028-87600564 028-87600533
邮政编码	610031
网址	http://www.xnjdcbs.com
印刷	郫县犀浦印刷厂
成品尺寸	210 mm×285 mm
印张	10.75
字数	317千
版次	2024年7月第1版
印次	2024年7月第1次
书号	ISBN 978-7-5643-9909-2
定价	30.00元

课件咨询电话：028-81435775
图书如有印装质量问题 本社负责退换
版权所有 盗版必究 举报电话：028-87600562

前 言

在新能源汽车日益普及的今天，众多的汽车厂商纷纷推出新能源车型，各维修企业对掌握新能源汽车技术的技能型人才需求不断增加。本书结合当前新能源汽车维修行业的生产实际，较好地贯彻了素质教育的思想，力求体现以人为本的现代理念，从新能源汽车维修岗位的知识和技能要求出发，结合学生创新能力和职业道德方面的培养，提出能参照维修资源运用检测仪器设备检修动力电池系统电路、零部件的教学目标并组织教学内容。

本书所整理、编写的学习任务都是来自新能源汽车维修企业一线维修案例，以企业生产实际为向导，设置学时不同的学习活动，共设有 4 个学习任务、14 个学习活动。学习活动的设置遵循学习目标、学习准备、学习内容、引导问题、计划与决策、实施与控制、评价反馈等几个环节，通过多元化的成果展示方式，对学生的专业能力、方法能力和职业素养进行有效评价，引导学生形成工作的逻辑思路，增进新能源汽车维修的感性认知。

本书以实际工作任务为引领，以企业实际需求为目标，通过任务驱动的教学模式，将专业技能、职业素养与企业文化深度融合，注重思想性、科学性和时代性。使用方法范例如下：在高压系统漏电故障检修学习任务中，通过学习活动一的学习，使学生掌握整车高压系统的结构组成及工作原理，从而认知不同车型的整车高压系统结构，并描述各部件的名称、作用和安装位置，按照维修手册进行高压部件检查。有了第一个学习活动的铺垫，在老师的指引下学生可以参照维修手册进行高压配电箱内部检查并描述其结构组成，从而对高压系统漏电故障进行初步检查，并确认故障现象完成学习活动二。之后在老师的指引下查阅资料，完成漏电故障检测设备仪器的使用；通过实车使学生能够对高压系统漏电故障进行初步检查并确认故障现象，使用诊断仪、漏电故障代码及相关数据流，通过检测设备检查判断故障点，并进行故障排除，完成整个学习任务。

本书由深圳鹏城技师学院给予经费资助，是深圳鹏城技师学院新能源汽车检测与维修专业实施工学一体化改革的成果。本书涉及典型学习任务均模拟企业现场工作情景，并以学校场地设备为依托，以原厂自学手册和维修手册为指导来设计教学任务，内容新颖全面、图文并茂、通俗易懂、易学好教，既可作为职业院校新能源汽车检测与维修专业的教学用书，也可供广大新能源汽车维修从业人员学习参考，还可作为职业技能培训应试辅导教材。

限于编者的经历与水平，本书所覆盖车型有限，请读者举一反三、触类旁通。不妥或疏漏之处，敬请各教学单位、广大读者批评指正，提出修改意见和建议，以便再版修订时改正。

编 者
2023 年 11 月

目 录

学习任务一 高压系统漏电故障检修 ·· 1
 学习活动一 整车高压系统结构认知 ·· 3
 学习活动二 高压配电系统结构认知 ······································· 15
 学习活动三 高压系统漏电故障排除 ······································· 30

学习任务二 动力电池警告灯点亮故障检修 ································ 41
 学习活动一 电池管理系统结构认知 ······································· 43
 学习活动二 电池管理系统电路绘制 ······································· 51
 学习活动三 动力电池故障灯点亮故障排除 ······························· 60

学习任务三 动力电池无高压输出故障检修 ································ 70
 学习活动一 动力电池包拆卸与结构认知 ·································· 72
 学习活动二 动力电池包电路绘制 ·· 84
 学习活动三 动力电池包检测与安装 ······································· 94
 学习活动四 动力电池包无高压输出故障排除 ··························· 105

学习任务四 动力电池系统充电异常故障检修 ··························· 116
 学习活动一 充电系统结构认知 ·· 118
 学习活动二 充电系统电路绘制 ·· 130
 学习活动三 动力电池系统充电异常故障排除 ·························· 139
 学习活动四 车载充电机拆装与检测 ······································ 147

附 录 ··· 158
 附录一 维修派工单 ··· 158
 附录二 结构图评价表 ·· 160
 附录三 电路图评价表 ·· 162
 附录四 故障排除评价表 ··· 164

参考文献 ·· 166

学习任务一 高压系统漏电故障检修

专业名称	新能源汽车检测与维修	一体化课程名称	动力电池及充电系统检修
学习任务	高压系统漏电故障检修	建议学时	24
工作情景描述	顾客王先生雨天驾驶新能源汽车上班途中,发现动力系统警告灯点亮,车辆进厂维修,经初步检查,判断为高压系统漏电故障。维修人员需要按照维修工单和车间作业流程,遵守高压安全检测规范,排除高压系统绝缘故障,竣工后检验合格,交付车辆		
学习任务描述	在老师的指导下确认车辆动力系统警告灯故障现象,接受任务后学习新能源汽车高压系统的结构组成及工作原理,认知整车高压系统的组成部件,检测高压系统零部件,排除高压系统绝缘不良故障,完成相关工作页的填写;同时,按照维修手册的要求,制定高压系统元件认知及漏电故障检测方案,完成高压部件绝缘检测,排除高压系统漏电故障,竣工后检验合格,交付车辆后进行总结、评价		
与其他学习任务的关系	在新能源汽车维护保养、新能源汽车新车检查、新能源汽车电动电子等学习任务中了解新能源汽车基本结构的基础上完成本学习任务。通过本学习任务的学习,为动力电池及充电系统检修的其他学习任务打下基础		
专业基础	学生已经完成了新能源汽车维护、保养的操作知识,对新能源汽车各系统的结构认识有了一定的了解		
学习目标	1. 知识 (1)能通过维修手册及网络资源检索高压系统漏电故障检修的相关信息。 (2)能描述高压安全防护策略、措施及高压安全操作要点。 (3)能描述高压系统结构组成原理和各零部件的作用。 (4)能描述高压配电系统结构组成及高压分配原理。 (5)能描述高压零部件绝缘检测方法及漏电判定标准。 2. 技能 (1)能认知整车高压系统零部件,绘制高压系统结构图,描述动力流向,并展示评价。 (2)能在老师指引下,对高压系统零部件进行绝缘检测,并判断性能。 (3)能排除高压系统漏电故障,并进行总结评价。 3. 素养 (1)能独立或协作完成故障检修、总结评价等任务。 (2)能遵守工作过程中的8S[①]检验,对职业能力进行展示评价		

---

① 注:8S 就是整理(SEIRI)、整顿(SEITON)、清扫(SEISO)、清洁(SEIKETSU)、素养(SHITSUKE)、安全(SAFETY)、节约(SAVE)、学习(STUDY)八个项目,因其罗马发音均以"S"开头,简称为8S。

学习内容	（1）高压安全防护及8S现场管理规定。 （2）维修手册、电路图册的使用。 （3）新能源汽车高压检测设备的使用。 （4）高压系统结构认知，高压零部件查找与认知，高压系统结构图绘制。 （5）高压配电系统结构认知与绘图。 （6）高压零部件绝缘检测与性能判定。 （7）高压系统漏电故障排除与思路总结。 （8）与他人沟通合作，获取信息，对学习与工作进行总结、展示评价
教学条件	维修手册、高压安全操作规程、车间管理制度、8S管理规范制度、绝缘工具套装、新能源汽车专用工位设备器材、绝缘测试仪、车辆、举升机等
教学组织形式	教学组织形式：小组学习。 （1）情景再现：老师组织学生以小组的形式观察车辆动力系统警告灯故障现象，初步检测，明确学习任务。 （2）初步分析：小组利用工作页和相关知识分析高压系统安全防护及绝缘检测策略。 （3）制定方案：学生分组分析高压系统漏电故障原因，制定维修方案并展示评价。 （4）实施方案：小组进行整车高压系统结构认知、高压部件绝缘检测、高压系统漏电故障排除，工作过程实行自检、互检和终检三级检验。 （5）评价反馈：小组总结、评价，实行自评、互评、老师点评综合评价
教学流程与活动	教学流程：复习与问答→情景导入→任务资讯→计划与决策→实施与控制→评价反馈。 学习活动 | 学习活动一	整车高压系统结构认知	6学时
---	---	---
学习活动二	高压配电系统结构认知	12学时
学习活动三	高压系统漏电故障排除	6学时	
评价内容与标准	1. 专业能力评价标准 （1）遵守高压安全操作规范，正确选用工量具和检测设备。 （2）查找认知高压系统结构部件，描述零部件的位置、作用及原理。 （3）绘制高压系统结构图，分析故障原因，完成鱼骨图。 （4）通过拆装、检测高压系统零部件绝缘参数判断其性能。 （5）按照故障诊断流程排除故障，并总结故障排除思路。 （6）描述高压系统漏电检测工作原理。 （7）工作过程的自检、互检、终检和8S监督，执行安全操作，做好安全防护。 2. 社会能力评价标准 （1）收集资料，方案制作能力（PPT制作能力、图案绘制能力）。 （2）展示表达能力和团队协作能力。 （3）观察分析、相互评价、相互肯定与提升的能力。 3. 方法能力评价标准 （1）维修手册及电路识图的使用方法。 （2）通过维修手册和网络资源有效获得支撑资料的方法。 （3）通过维修资料和场地资源解决实际问题的能力

学习活动一 整车高压系统结构认知

一、学习目标

（1）能够在老师指引下，查阅资料，小组合作完成整车高压系统结构的资讯检索。
（2）能够根据任务要求，制订工作计划，做出决策，并具体实施。
（3）能够查阅教学资源，独立完成高压系统结构部件认知，并描述各部件的位置和作用。
（4）能够根据工作页指引，小组合作完成整车高压系统结构图绘制，并展示评价。
（5）能够查阅教学资源，小组合作展示高压系统的动力流向。
（6）能够遵守新能源汽车高压安全操作规范，并执行活动过程的8S管理要求。
（7）能够按职业能力要求进行展示评价。

二、学习准备

设备：新能源汽车台架或整车、举升机等。
常用工具：绝缘工具车1套，配备常用扳手、套筒、螺丝刀等绝缘工具。
防护套件：绝缘手套、防酸碱手套、绝缘鞋、绝缘垫、护目镜等。
检测工具：数字钳形表、万用表。
资料：网络资源、维修手册、维修工单、高压安全操作规程。
分组：每组5~6人，小组讨论后，由组长按任务要求分配人员。

三、学习内容

整车高压系统结构认知学习内容如图1-1-1所示。

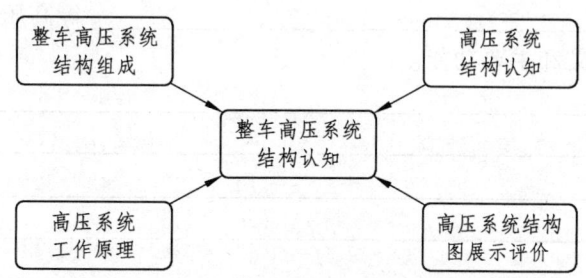

图1-1-1 整车高压系统结构认知学习内容

四、引导问题

（1）查阅教学资源，参考高压系统部件分布图（见图1-1-2），分析以高压电控分类的整车高压布置方案，指出其主要部件的安装位置和特点，完成高压系统部件分布表1-1-1。

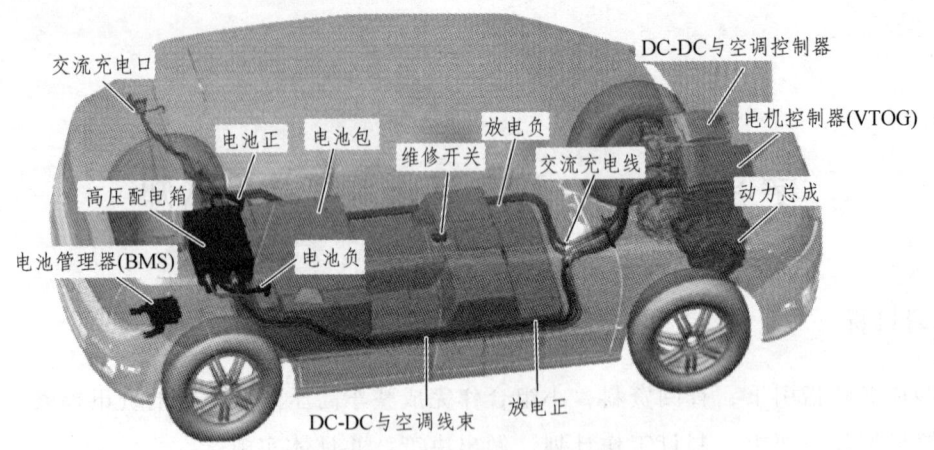

图 1-1-2 高压系统部件分布

表 1-1-1 高压系统部件分布

电控平台/主要部件	高压配电箱	DC-DC	电机控制器	车载充电机	代表车型（含年款）
E6 车型					
四合一					
3+3 平台					
集成式智能前驱					

（2）整车高压系统电缆为_____色，包括高压电缆和高压电缆接口，其功能是保证传输_____、_____的同时，又能满足电缆的_____性能和_____性能良好。

（3）电池管理器（BMC）属于_____（高压/低压）零部件，通过_____（12 V 低压/高压）电源系统控制高压系统工作。

（4）电动轿车的"三电系统"是指_____、_____、_____三个系统，其中电控系统包括_____、_____、_____、_____等高压部件。

（5）简述 VTOG 的定义和主要功能。
① 定义：_____
② 功能：_____
_____
_____
_____

（6）简述高压电控总成的主要功能。
_____
_____
_____

（7）查阅学习资源，补全三电系统框图（见图1-1-3）。

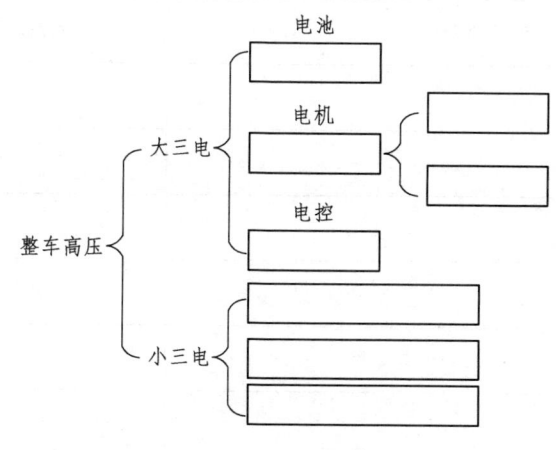

图 1-1-3　三电系统

五、计划与决策

根据任务要求，确定需要的设备、工量具、耗材，对小组成员进行分工，制订详细的流程和计划。

1. 制订计划

（1）需要的设备、工量具、耗材。

① 实训设备：_____。

② 安全保护设备：_____。

③ 耗材：_____。

（2）小组成员分工，如表1-1-2所示

表 1-1-2　小组成员任务计划表

序号	项　目	组员	时间段
1	高压元件中英文查找（例）	×××	9:30—10:00
2			
3			
4			
5			
6			
7			
8			

提示：高压维修，需要维修技师+监护人。

2. 做出决策

列出具体操作/检测步骤，如表1-1-3所示。

表 1-1-3　任务决策表

序号	检测项目	工具/设备	注意事项
1			
2			
3			
4			
5			
6			
7			
8			

六、实施与控制

1. 高压维修安全操作步骤

查阅维修手册及相关资源，参考高压维修安全图（见图1-1-4），列举新能源汽车高压维修操作注意事项：

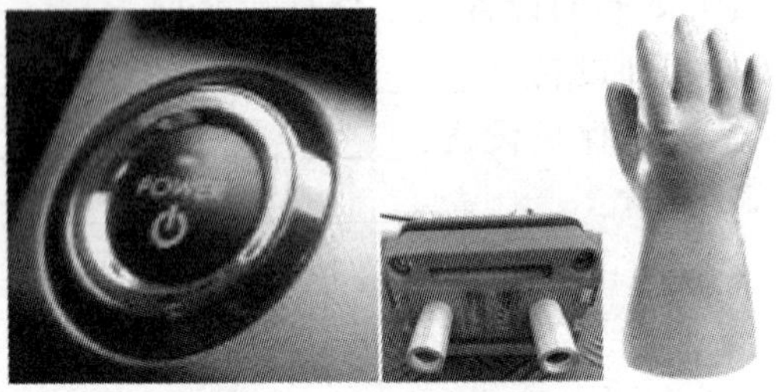

图 1-1-4　高压维修安全图

2. 高压系统结构认知

（1）实车查找并标贴新能源汽车高压部件（参考高压部件分布图，如图1-1-5所示）。

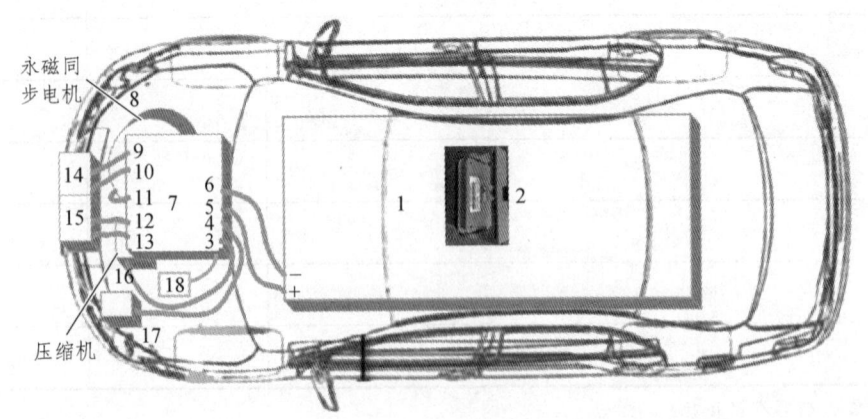

图 1-1-5　高压部件分布图

（2）指出各部件的安装位置和作用，完成高压部件说明表（见表1-1-4）。

表 1-1-4　高压部件说明表

序号	元件名称	安装位置	作　用
1	动力电池包		
2		中央扶手箱下方	
3			连接压缩机与四合一电控总成
4	PTC（热敏电阻器）线束		
5		四合一后方	
6			连接四合一总成与动力电池包
7	高压电控四合一总成		
8		四合一下方	
9			连接动力电池包与四合一电控总成
10	直流充电负线束		
11		三相电机正前方	
12			连接交流充电口与车载充电机
13	交流充电线束 N		
14		前中网格栅下方	
15			连接交流充电枪进行充电
16	压缩机		
17	电池加热 PTC	左前大灯下方	
18			加热空调蒸发器散热片，产生室内暖风

（3）查阅维修手册或相关资源，结合实车，识别图 1-1-6 中各高压部件，在方框中写出各高压部件的名称。

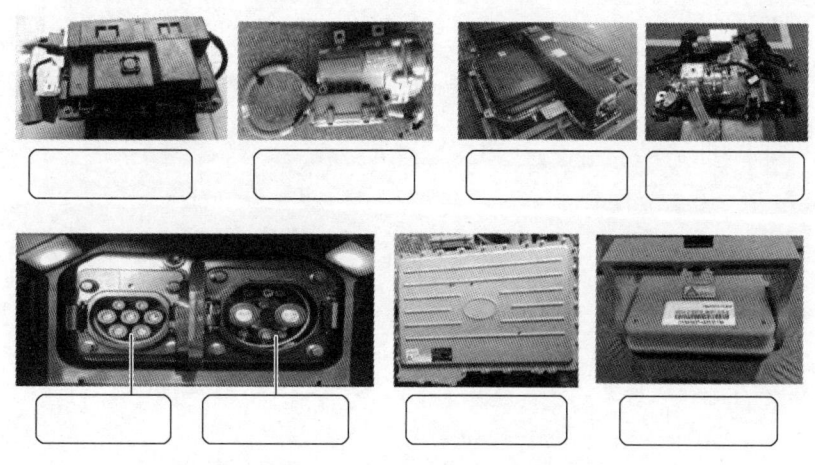

图 1-1-6　高压部件识别

（4）查阅维修手册或相关资源，结合实车，认知高压电控四合一外部结构（见图 1-1-7），在图中方框内填写各部件的名称。

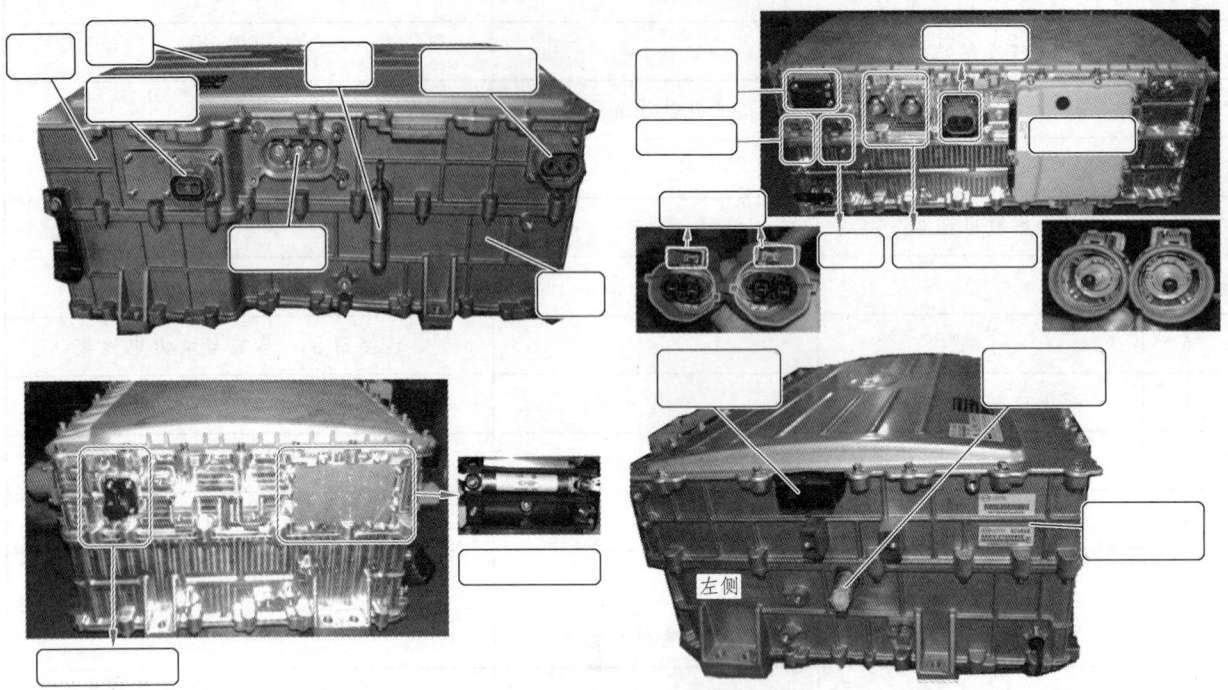

图 1-1-7　高压电控四合一外部结构识别

（5）绘制实车高压系统连接图，标注元件名称、代码及线路功能（如正负母线、充电线等）。

七、评价反馈

组员进行自我评价、相互评价，完成学习评价表（见表1-1-5）的相应内容。

组间评价说明：

（1）操作评价。组员交叉进行充放电操作、元件认知评价。

（2）评价要求。组间评价表由评价人给予对应评价等级：单行全对的得"A"，错两个（含）以下得"B"，错两个以上得"C"。

表 1-1-5　学习评价表

项　目	评价内容	评价等级		
		A	B	C
自我评价	学到的知识点：			
	学到的技能点：			
	不理解的有：			
	还需要深化学习并提升的有：			
组间评价	○按时到场　　　○工装齐备　　　○书、本、笔齐全			
	○安全操作　　　○责任心强　　　○8S管理规范			
	○学习积极主动　○合理使用教学资源　○主动帮助他人			
	○接受工作分配　○有效沟通　　　○高效完成工作任务			
	元件名称　　　　安装位置　　　　作用			
小组评语及建议	他（她）做到了： 他（她）的不足： 给他（她）的建议：	组长签名： 年　月　日		
老师评语及建议		评价等级： 老师签名： 年　月　日		

八、学习资料

（一）纯电动汽车的基本结构与组成

纯电动汽车是一种采用蓄电池作为动力源的汽车。动力电池通过功率转换装置向电机提供电能并驱动其运转，电机通过传动装置带动车轮旋转从而推动汽车运行。纯电动汽车总体主要由四部分组成，分别是动力电池、底盘、车身和电器。动力电池作为电动汽车的重要组成部分，分为电池模组、电池管理系统、热管理系统、电气系统和机械系统五个主要部分，其中电池管理系统（BMS）通过低压（12 V）控制车辆高压上电工作。底盘由驱动电机及控制系统、行驶系统、转向系统、制动及能量回收系统四部分组成。其中，动力电池、电机、电控是电动汽车的关键技术，称为电动汽车的大三电。三电技术是电动车区别于传统汽车的新技术。在这三项技术中，动力电池又是最主要的，它影响到汽车单次充电的行驶里程和汽车生产成本等。电动汽车的整个驱动系统包括电动机驱动系统和机械传动机构两个部分。

纯电动汽车的主要控制系统由电机控制器（MCU）、DC-DC与空调转换器、高压配电箱（PDU）、车载充电器（OBC）、电池管理器（BMS）、整车控制器（VCU）等组成，如图1-1-8所示。

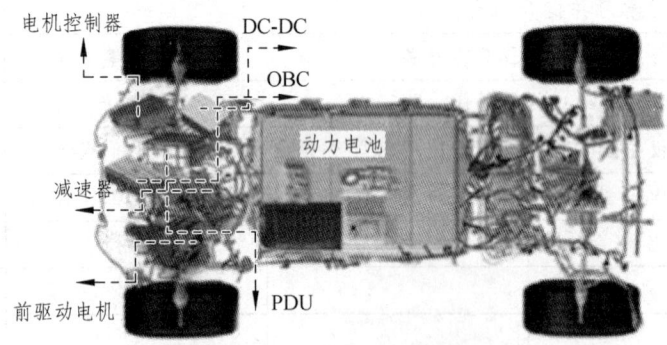

图 1-1-8　纯电动汽车主要控制系统结构

（二）纯电动汽车的基本原理

当电源接通，汽车前进时，车辆主控制器（ECU）接收到挡位控制器、加速踏板和角度传感器等各方面信息，并传递给电机控制器，以控制流向前驱动电机的电流，此时动力电池电流通过维修开关、高压配电箱/继电器之后，一路经过电机控制器向前驱动电机供给需要的电流，从而使驱动电机运转，通过变速器/差速器和传动轴，带动左右驱动轮使汽车前进。

当汽车减速时，车轮带动驱动电机转动，通过电机控制系统使感应电机成为交流发电机产生电流，再将交流电变为直流电向动力电池充电（制动再生能量）。同时，控制系统通过各传感器、电流检测器对动力电池组、驱动电机进行监控并及时反馈信息和报警，然后通过电流表、电压表、电功率表、转速表和温度表等仪表进行显示。

纯电动汽车的行驶状态主要有启动、起步、正常行驶、急加速、上坡、减速制动、倒车和停车等，启动、起步时要求电机供给大转矩，低速起步；平路正常行驶时，要求电机提供足够的驱动力和速度，同时能耗最低；急加速和上坡时，要求电机提供较大的驱动力，有较好的超载能力；减速制动时，要求电机转化为发电机，进行回收减速制动的能量，向电池组充电；当汽车停车时，电机自动停止。

（三）纯电动汽车高压布局形式

为了解决制造成本与车辆性能之间的矛盾，并适应新能源汽车未来发展的方向，纯电动汽车在高压部件的布局形式上越来越集成，使车辆的结构更加紧凑、制造成本更加低。以比亚迪车型为例，从传统的分立式部件布局（如图1-1-9所示的比亚迪E6高压部件布局）到高压四合一电控总成（如

图 1-1-10 所示的比亚迪 E5 高压部件布局），再到 3+3 平台（如图 1-1-11 所示的比亚迪秦 EV 高压部件布局），最后形成集成式智能前驱总成（如图 1-1-12 所示的比亚迪汉高压部件布局）。

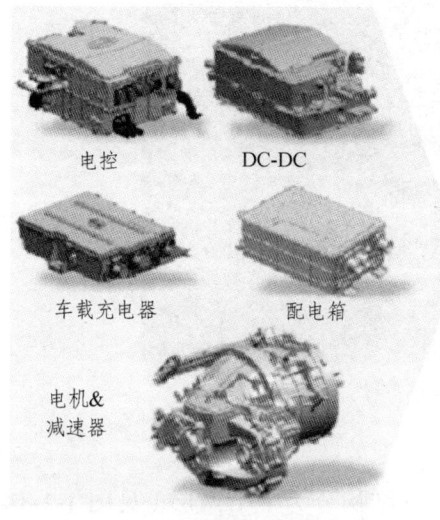

图 1-1-9　比亚迪 E6 高压部件布局

图 1-1-10　比亚迪 E5 高压部件布局

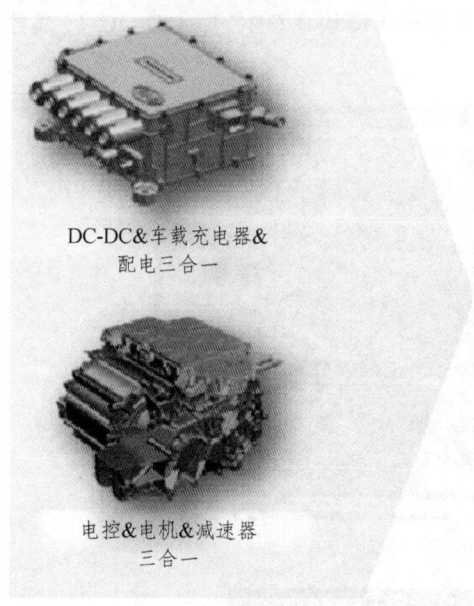

图 1-1-11　比亚迪秦 EV 高压部件布局

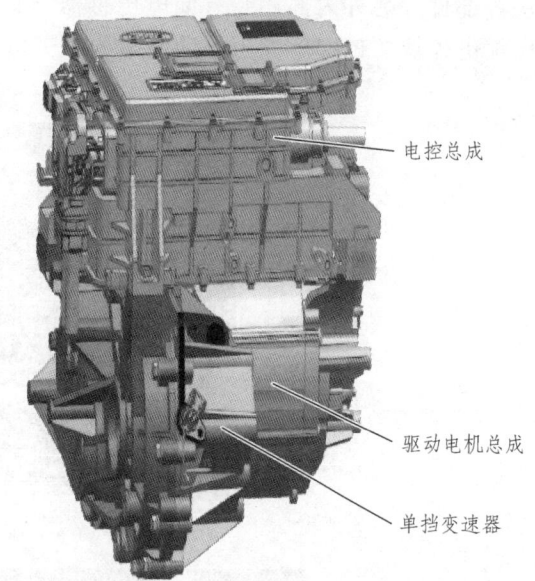

图 1-1-12　比亚迪汉高压部件布局

其集成式布局优点在于：
（1）减少整车线束：布置清晰、质量更轻。
（2）减少 MCU 及外围电路：待机功耗下降，延长整车待机时间，降低整车故障率，提高了品质。
（3）减少网节点：总线负载率降低，总线运行更稳定。
（4）减少零部件数量：装配、采购、仓储、物料、售后维护简化，减少产品开发团队，降低了运营和开发成本。

（四）纯电动汽车主要高压部件

纯电动汽车的总体结构如图 1-1-13 所示，图中标示出了纯电动汽车高低压各主要部件在整车中的布局与位置。其中，高压系统零部件主要有动力电池包、高压电控总成、电池 PTC、暖风 PTC、驱动电机、空调压缩机、高压维修开关、高压线束等。

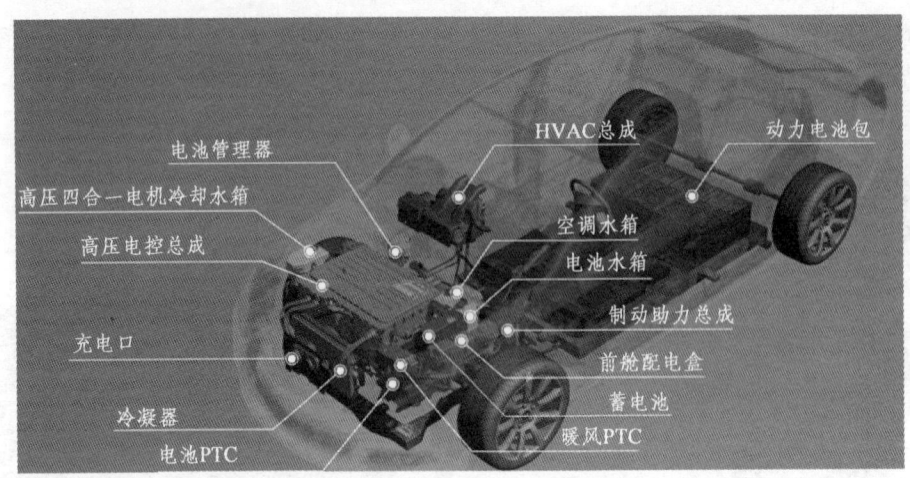

图 1-1-13　纯电动汽车整体结构

1. 高压电控总成

高压电控总成又称"四合一",安装于车辆前舱位置。其内部结构分为上下两层(见图 1-1-14),集成了双向交流逆变式电机控制器模块(VTOG)、车载充电器模块、DC-DC 转换器模块和高压配电模块等部件,另外内部还装有漏电传感器。其中,车载充电器模块(OBC)、DC-DC 转换器模块和高压配电模块(PDU)称为电动汽车的小三电。

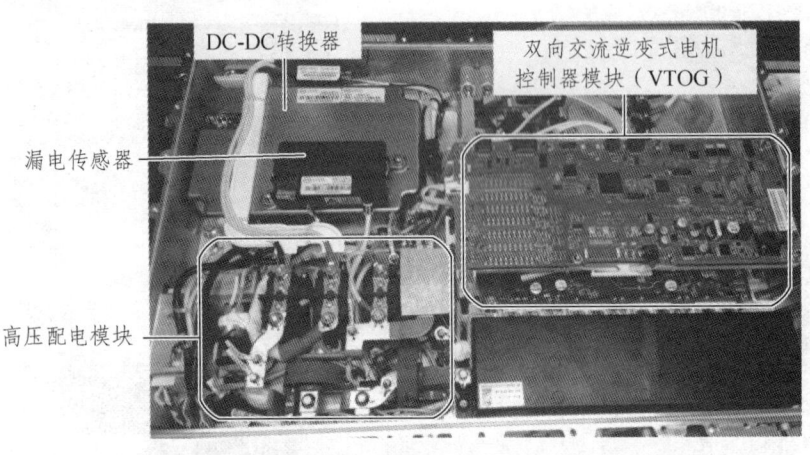

(a)高压电控上层

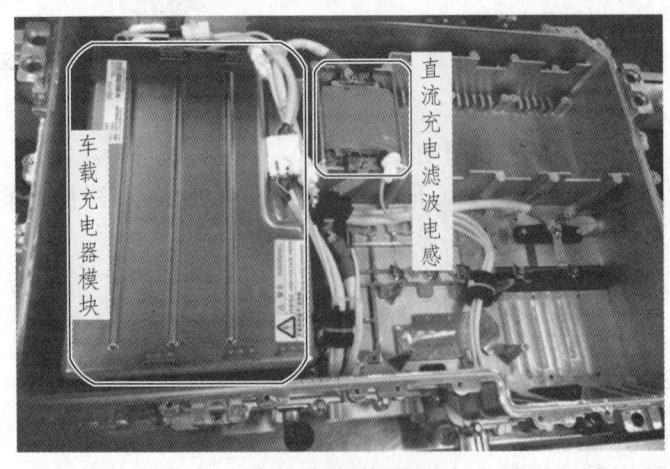

(b)高压电控下层

图 1-1-14　高压电控总成上、下层内部结构

高压电控总成的主要功能：
（1）控制高压交/直流电双向逆变，驱动电机运转，实现充、放电功能（VTOG、车载充电器）。
（2）实现高压直流电转化低压直流电为整车低压电器系统供电（DC-DC）。
（3）实现整车高压回路配电功能及高压漏电检测功能（高压配电箱、漏电传感器模块）。
（4）直流充电升压功能。
（5）CAN（控制器局域网）通信、故障处理记录、在线 CAN 烧写以及自检等功能。

双向交流逆变式电机控制器（VTOG，见图 1-1-15）就是控制主牵引电源与电机之间能量传输的装置，由外界控制信号接口电路、电机控制电路和驱动电路组成。电机控制器作为整个驱动系统的控制中心，由逆变器和控制器两部分组成。逆变器接收电池输送过来的高压直流电，逆变成三相交流电给汽车电机提供电源。控制器接收电机转速等信号并反馈到仪表，当发生制动或者加速行为时，控制器控制变频器频率的升降，从而达到加速或者减速的目的。

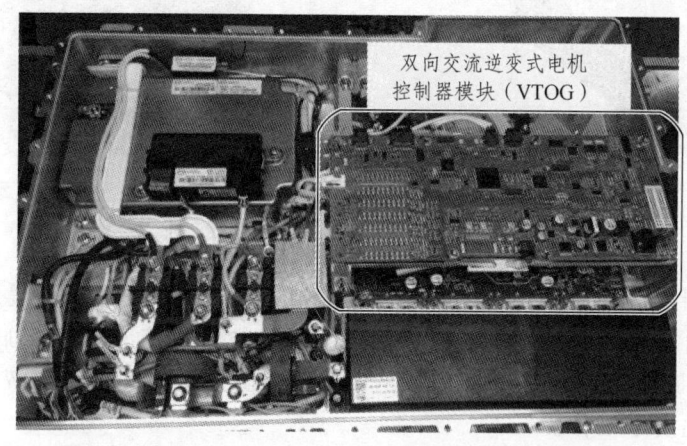

图 1-1-15 双向交流逆变式电机控制器（VTOG）

双向交流逆变式电机控制器的主要功能：
（1）驱动控制（放电）：采集油门、制动、挡位、旋变信号等控制电机正向、反向转动，即正、反转发电功能；具有输出高电压和电流控制限制功能，并具有电压跌落、过流、过温、智能功率模块（IPM）过温、IGBT（绝缘栅双极型晶体管芯片）过温保护，以及功率限制、扭矩控制限制等功能；同时具备电控系统防盗、能量回馈控制、主动泄放、被动泄放控制等功能。
（2）充放电控制：交、直流转换，双向充、放电控制功能；自动识别单相、三相相序并根据充电电流控制充电方式，根据充电设备识别充电功率，控制充电方式；具有断电重启功能，在电网断电后继续供电时，可继续充电；同时根据车辆或其他设备请求信号控制车辆对外放电。

双向交流逆变式电机控制器的放电方式及特点：
（1）V↔G 电网直接向车辆充电及车辆向电网充电：在用电低峰时由电网向车辆充电，将电能保存在动力电池中，在用电高峰时可由车辆向单相/三相电网并网输出交流 220 V 电，用于家庭应急供电，类似于移动的储能电站。
（2）V↔V 车辆对车辆充电：提供直流电（电池包电压），用于 SOC（荷电状态）较低的电动车动力电池充电，也用于搭接启动。
（3）V→L 车辆对负载充电：提供交流 220 V 电，用于交流 220 V 电的家用电器。

2. 电池管理器

电池管理器（见图 1-1-16）是电池保护和管理的核心部件。在动力电池系统中，它的作用相当于传统燃油车的发动机控制器，其对整车的安全运行、整车控制策略的选择、充电模式的选择以及运营成本都有很大影响。其作用主要是管理动力电池的充放电接触器控制、功率限制、充放电电流检测，以及电池温度、电压采样等工作。在电池出现漏电、碰撞、电压过高/过低时，及时控制接触器以保护动力电池。

3. 电动压缩机

电动压缩机（见图 1-1-17）是汽车空调制冷系统的关键部件，起着压缩和输送制冷剂蒸气的作用。压缩机把制冷剂从低压区抽取过来，经过加压后，送到高压区冷却凝结，通过散热片散发热量到空气中，制冷剂也从气态变成液态，压力升高。传统汽车的压缩机是由发动机带动运转的，而在纯电动汽车中，则采用高压电力驱动的电动压缩机。

图 1-1-16 电池管理器

图 1-1-17 电动压缩机

4. PTC 加热器

PTC 加热器（见图 1-1-18）分为暖风 PTC 加热器和电池 PTC 加热器。暖风 PTC 加热器是在车辆空调系统需要暖风时，将电池的电能转化为热能，加热空调系统冷却液，加热后的冷却液流经暖风芯体，为驾驶室提供暖风。电池 PTC 加热器是加热电池温控系统中的冷却液，提升电池包的温度，使动力电池在合适的温度下工作。

5. 充电口

充电口分为直流充电口和交流充电口两种（见图 1-1-19）。充电口通过橙色高压线束与高压电控总成连接。

图 1-1-18 PTC 加热器

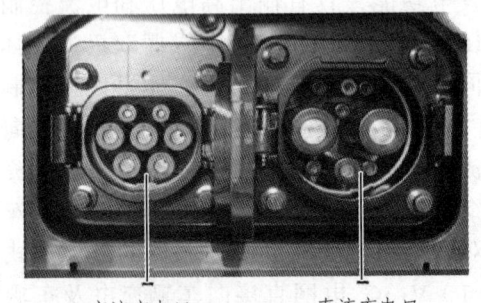
图 1-1-19 交直流充电口

6. 高压维修开关

高压维修开关主要安装于中央扶手箱位置，其主要作用就是在紧急情况或者维修时切断高压电的输出，故又称为紧急维修开关。

学习活动二　高压配电系统结构认知

一、学习目标

（1）能够在老师指引下，查阅资料，小组合作完成高压配电系统结构的资讯检索。
（2）能够根据任务要求，制订工作计划，做出决策，并具体实施。
（3）能够查阅教学资源，独立完成高压配电系统结构部件认知，并描述各部件的位置和作用。
（4）能够根据工作页指引，小组合作完成高压配电系统结构图绘制，并展示评价。
（5）能够查阅教学资源，小组合作展示高压配电系统的动力流向。
（6）能够遵守新能源汽车高压安全操作规范，并执行活动过程的 8S 管理要求。
（7）能够按职业能力要求进行展示评价。

二、学习准备

设备：新能源汽车台架或整车、高压配电箱、举升机等。
常用工具：绝缘工具车 1 套，配备常用扳手、套筒、螺丝刀等绝缘工具。
防护套件：绝缘手套、防酸碱手套、绝缘鞋、绝缘垫、护目镜等。
资料：网络资源、维修手册、维修工单、高压安全操作规程。
分组：每组 5~6 人，小组讨论后，由组长按任务要求分配人员。

三、学习内容

高压配电系统结构认知学习内容如图 1-2-1 所示。

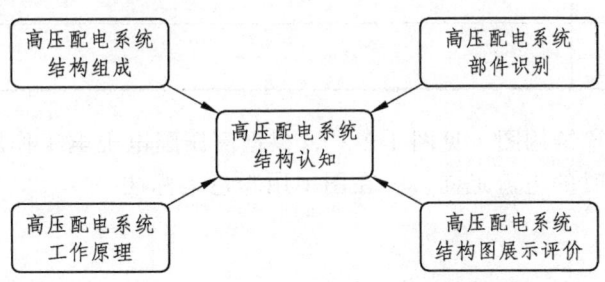

图 1-2-1　高压配电系统结构认知学习内容

四、引导问题

（1）查阅教学资源，参照高压配电内部结构图（见图 1-2-2）分析高压配电组成部件。
① 分析元件类型，完成表 1-2-1。
② 该配电系统有_____种充电方式，分别是_____。
③ 指出不同的充电方式及接触器工作状态：
交流充电时，交流充电接触器_____，直流充电接触器_____。
直流充电时，交流充电接触器_____，直流充电接触器_____。

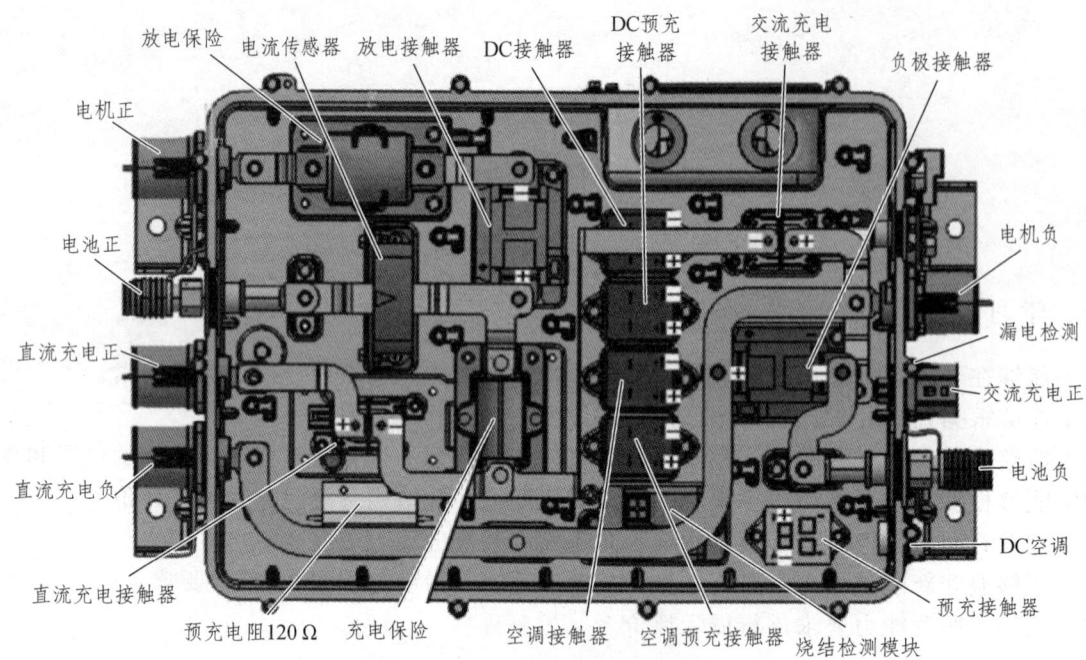

图 1-2-2　高压配电内部结构

表 1-2-1　高压配电组成

元件类型	数量	元件名称（含额定电流/电阻）
接触器		
保险丝		
预充电阻		
霍尔电流传感器		
烧结检测传感器		

（2）分析高压配电系统结构图（见图1-2-3），根据高压配电上电工作原理，完成作答。

① 指出DC-DC预充时的电流走向，并在图中用彩色笔标注。

② 指出VTOG高压预充的原理。

③ 指出交流充电（VTOG充电）时的电流走向，并在图中用彩色笔标注。

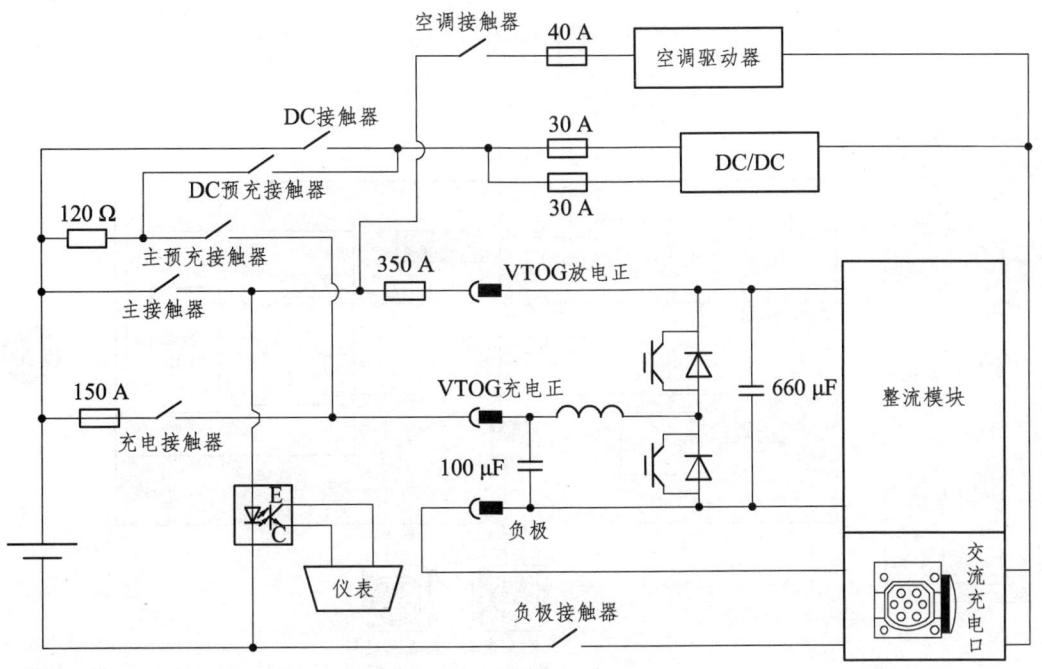

图 1-2-3　高压配电系统结构

（3）分析四合一高压电控总成的高压配电系统结构图（见图1-2-4），根据高压配电上电工作原理，完成作答。

① 指出电池加热PTC预充时的电流走向，并在图中用彩色笔标注。

② 指出直流充电时的电流走向，并在图中用彩色笔标注。

③ 说明漏电传感器的作用和原理。

④ 说明烧结传感器的作用和原理。

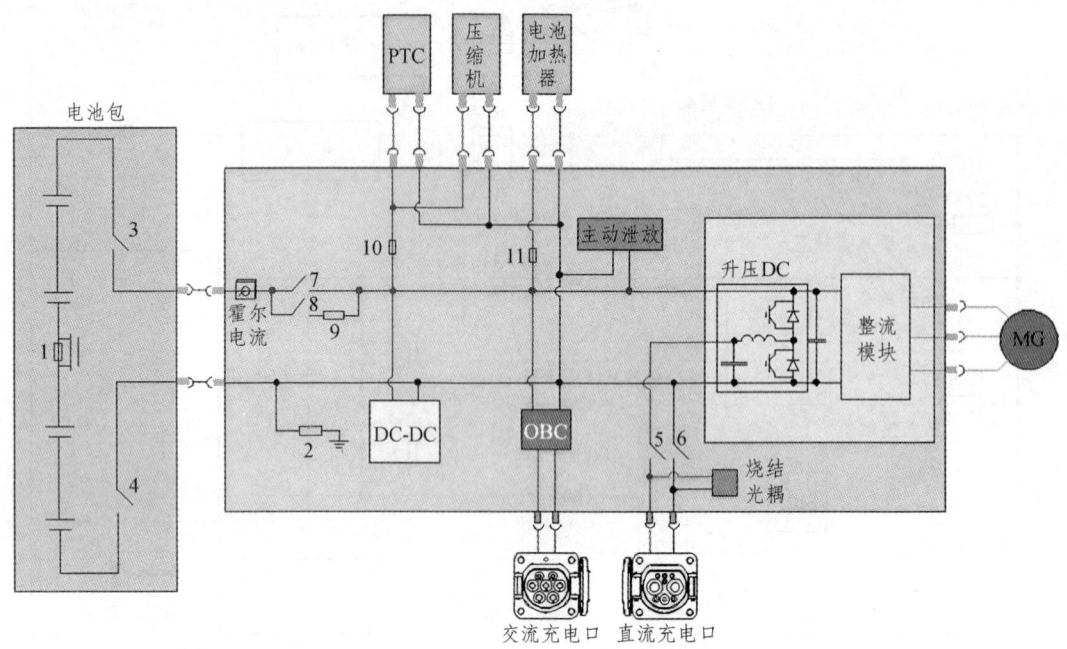

1—维修开关；2—漏电传感器；3—正极接触器；4—负极接触器；5—直流充电正极接触器；
6—直流充电负极接触器；7—放电主接触器；8—预充接触器；9—预充电阻；
10—空调保险；11—电池回热器保险。

图 1-2-4　四合一高压电控总成的高压配电系统结构

五、计划与决策

根据任务要求，确定需要的设备、工量具、耗材，对小组成员进行分工，制订详细的流程和计划。

1．制订计划

（1）需要的设备、工量具、耗材。

① 实训设备：_____。

② 安全保护设备：_____。

③ 耗材：_____。

（2）小组成员分工，如表 1-2-2 所示。

表 1-2-2　小组成员任务计划表

序号	项　目	组　员	时间段
1	高压元件中英文查找（例）	×××	9:30—10:00
2			
3			
4			
5			
6			
7			
8			

提示：高压维修，需要维修技师+监护人。

2. 做出决策

列出具体操作/检测步骤，如表 1-2-3 所示。

表 1-2-3　任务决策表

序号	检测项目	工具/设备	注意事项
1			
2			
3			
4			
5			
6			
7			
8			

六、实施与控制

（1）参照维修手册或相关资源，结合高压电控总成四合一内部结构图（见图 1-2-5）识别高压电控四合一总成内部零部件，写出零部件名称和作用，完成高压电控总成四合一内部部件识别表（见表 1-2-4）。

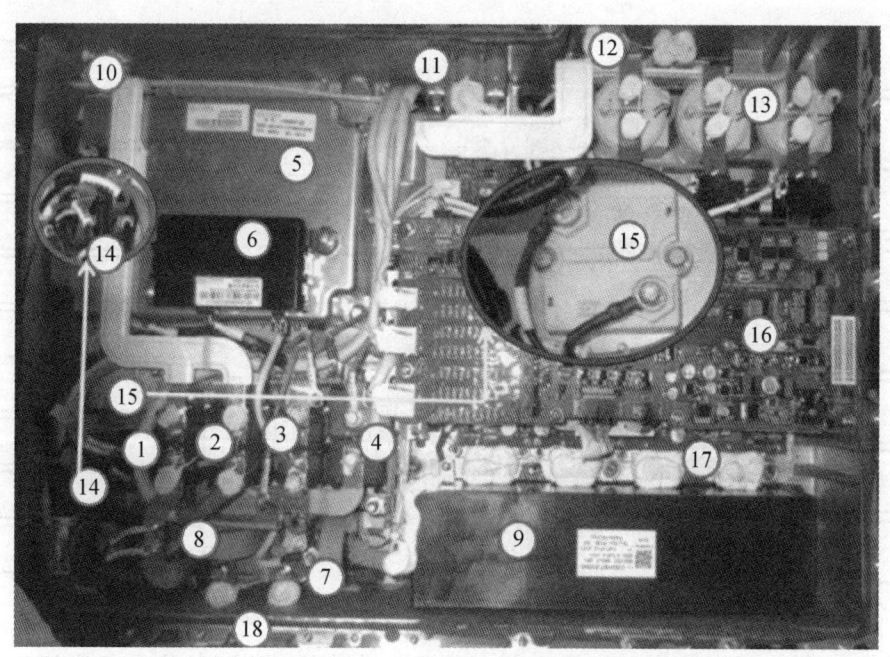

图 1-2-5　高压电控总成四合一内部结构

表 1-2-4　高压电控总成四合一内部部件识别表

序号	元件中文名	元件英文名	作　用
1	直流充电负极接触器	DC charging contactor negative	
2			接通/断开直流正极充电电路
3	交流充电接触器		
4		Main（discharge）contactor	
5	DC-DC 控制器		
6			检测高压系统是否存在漏电
7			检测高压负极充、放电电流
8	正极霍尔电流传感器		
9		Capacity	
10			连接直流充电插口
11	电机三相线接口		
12		AC charging connector	
13			接通/断开电机三相交流电路
14	主预充接触器		
15			限流，保护电容和控制器
16		Motor controller main board	
17			利用大功率 IGBT 驱动电机工作
18			连接动力电池

（2）查阅维修手册及维修资源，在高压电控总成四合一部件分解图（见图 1-2-6）所示的方框内写出各组成部件的名称。

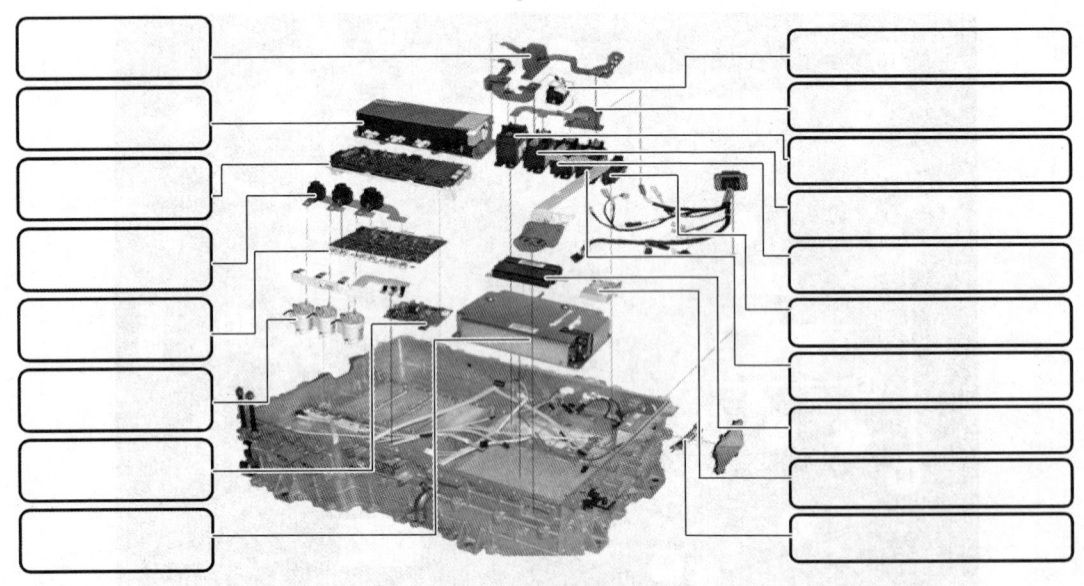

图 1-2-6　高压电控总成四合一部件分解图

（3）绘制高压分配电路图，标注元件名称、代码、端子号、内部结构和导线颜色，并标注高压流向。

20

七、评价反馈

组员进行自我评价、相互评价，完成学习评价表（见表 1-2-5）的相应内容。

组间评价说明：

（1）操作评价。组员交叉进行元件认知评价。

（2）评价要求。组间评价表由评价人给予对应评价等级：单行全对的得"A"，错两个（含）以下得"B"，错两个以上得"C"。

表 1-2-5　学习评价表

项目	评价内容			评价等级		
				A	B	C
自我评价	学到的知识点：					
	学到的技能点：					
	不理解的有：					
	还需要深化学习并提升的有：					
组间评价	○按时到场　　　　○工装齐备　　　　　○书、本、笔齐全					
	○安全操作　　　　○责任心强　　　　　○8S管理规范					
	○学习积极主动　　○合理使用教学资源　○主动帮助他人					
	○接受工作分配　　○有效沟通　　　　　○高效完成工作任务					
	评价项目	元件名称	评价要点			
	元件认知		安装位置：			
			作用：			
			安装位置：			
			作用：			
			安装位置：			
			作用：			
小组评语及建议	他（她）做到了： 他（她）的不足： 给他（她）的建议：			组长签名： 　　　年　月　日		
老师评语及建议				评价等级： 老师签名： 　　　年　月　日		

八、学习资料

（一）高压配电箱的作用

电动汽车高压配电箱（PDU）又称高压配电盒，是高压系统分配单元，用于将车辆来自动力电池输出的电能并联分配到逆变器、空调压缩机、PTC加热器以及车载充电器等高压部件中，是保障整车系统动力电能传输，动力电池与各高压设备电源和信号传递的桥梁，并随时检测整个高压系统的绝缘故障、断路故障、接地故障及高压故障等。电动汽车具有高电压和大电流的特点，通常配备300 V以上的高压系统，工作电流可达200 A以上，可能危及人身安全和高压零部件的使用安全性。通常，与动力电池相关的高压元器件，如各回路的接触器及保险丝等集成在高压配电箱内。

（二）高压配电箱的结构及工作原理

1. 高压配电箱的结构

配电箱主要由主负接触器、主正接触器、预充接触器、预充电阻、霍尔传感器等组成，其中预充电阻约为120 Ω。以E5车型为例（见图1-2-7），其高压配电箱在高压电控总成四合一内部，配电箱主要由两个霍尔传感器（一个检测正极电流、一个检测负极电流）、主接触器、直流充电正极接触器、直流充电负极接触器、预充接触器、预充电阻、直流烧结光耦传感器、直流漏电传感器以及各配电连接线组成。

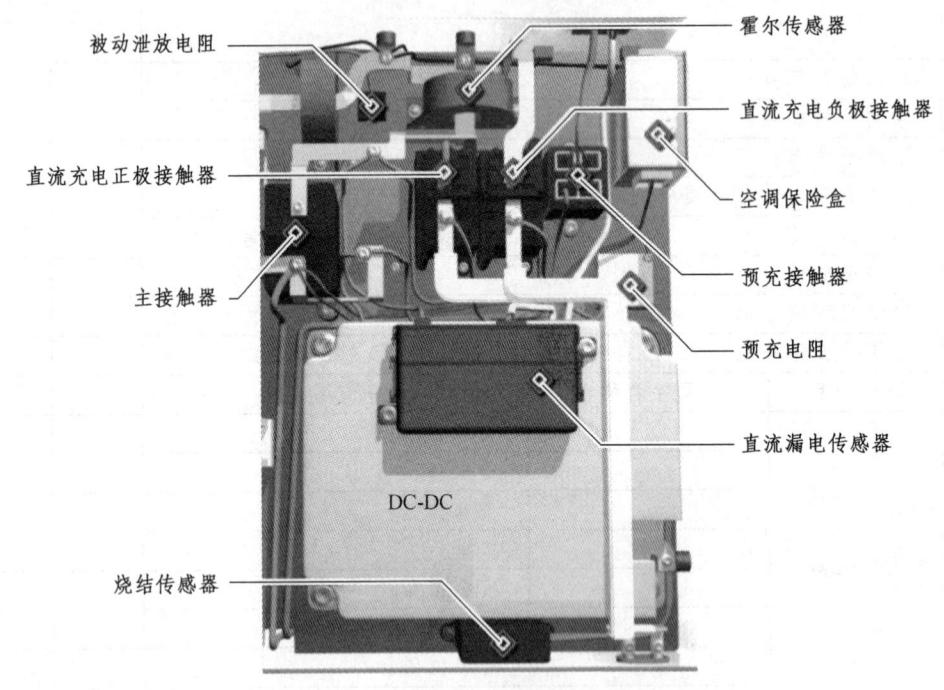

图1-2-7　E5配电箱结构

2. 高压配电箱的工作原理

纯电动汽车内的高压配电箱根据车辆的各种状态，将来自动力电池输出的电能并联分配到逆变器、空调压缩机、PTC加热器以及车载充电器等高压部件中，保障整车系统动力电能的传输。结合高压系统结构电路原理图（见图1-2-8），分析高压配电箱在车辆各种状态下的工作原理。

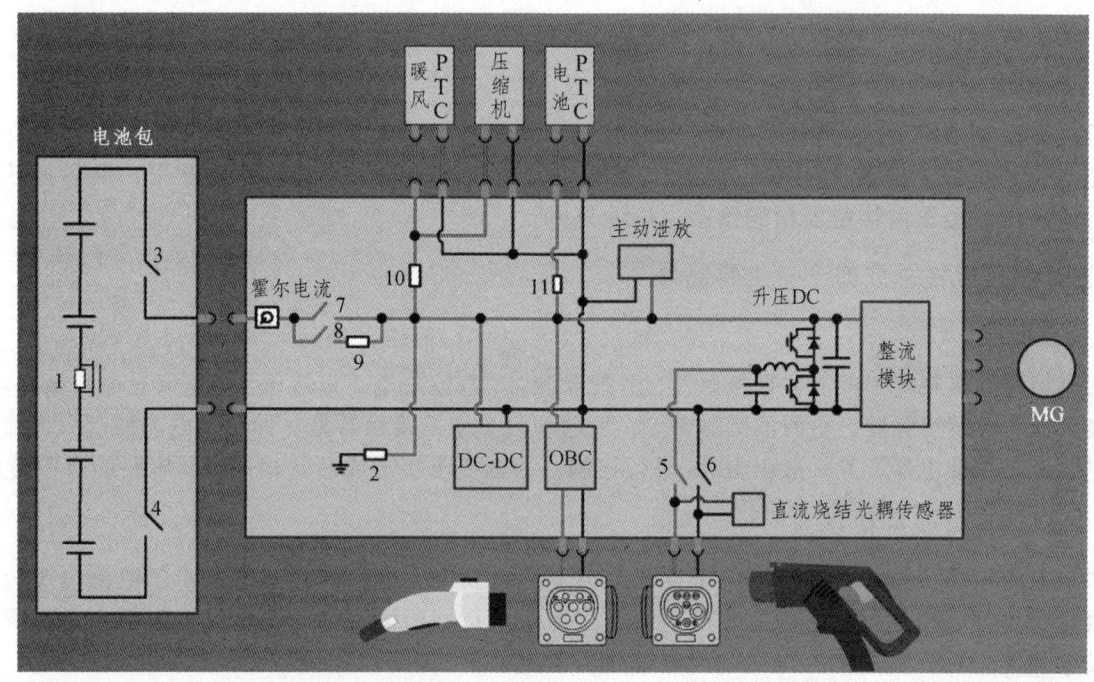

1—维修开关（300 A）；2—漏电传感器；3—正极接触器；4—负极接触器；5—直流充电正极接触器；
6—直流充电负极接触器；7—放电主接触器；8—预充接触器；9—预充电阻（100 Ω）；
10—空调保险（32 A）；11—电池加热器保险（32 A）。

图 1-2-8 高压系统结构电路原理

1) 车辆停止状态

车辆在停止的时候，点火开关没打开，车辆各接触器处在断开位置。

2) 车辆预充上电

打开点火开关，电池管理器收到车辆启动信号后，先控制电池包的正负极接触器 3 和 4 闭合，再控制预充接触器 8 闭合，这时电流经过正极接触器 3 出来到预充接触器 8，经过 100 Ω 的预充电阻 9，对电流、电压进行了限制，再到预充电容，电容开始充电，当电容的电压与电池包电压相差 50 V 时，预充完成，这时主接触器 7 闭合，预充接触器 8 断开，此时车辆上高压电，DC-DC 转换器也进入工作状态。

3) 车辆运行状态

车辆上电完成后，OK 灯点亮，可以正常挂挡行驶时，驾驶员踩制动踏板挂挡，此时高压电经正极接触器 3 和主接触器 7 进入配电箱分配到电机控制器，电机控制器把直流高压电经过转换（直流变交流）和处理，给驱动电机输出所需的三相交流电，同时，电机控制器还根据驾驶员的意愿控制驱动电机的正转和反转，以及其扭矩的大小、转速的快慢。

4) 车辆能量回收状态

车辆在制动或滑行的过程中，驱动电机给电机控制反向电，其电流经过电机控制器逆变和转换（交流变直流）成高压电并经主接触器 7、正负极接触器 3 和 4 给动力电池充电。

制动能量回收技术可以提高能量利用率，同时减少磨损和制动热量，降低噪声，缓解热衰退，从而优化汽车的制动性能，提高制动稳定性。

5) 车辆漏电状态

车辆如发生漏电，车辆的漏电传感器检测到漏电信号，把漏电信号发送给电池管理器和其他模块，这时电池管理器控制正负极接触器 3 和 4 断开，也控制主接触器 7 断开，同时电机控制器（VTOG）

控制主动泄放模块在 5 s 内将电容的电压泄放至 60 V 以下，保证车辆和人身安全。

6）车辆充电状态

插上交流充电枪后，车辆充电器接收到充电枪的信号，控制车内接触器闭合，220 V 的交流电经过充电枪到车载充电器（OBC），经过车载充电器的转换（交流变直流）和升压，最后把转换和升压后的高压电经车内接触器输送给动力电池充电。

（三）高压电控总成四合一主要部件

1. 接触器

配电箱内的接触器一般有主负接触器、主正接触器、直流充电正极接触器、直流充电负极接触器、预充接触器、空调接触器、空调预接触器等。纯电动汽车中，接触器是一种用小电流控制大电流的装置，也属于一种继电器，其一般由 BMS 进行控制，根据要求接通或断开相关高压电路的电源传输。

2. 霍尔电流电压传感器

霍尔电流电压传感器是通过感应来检测动力电池母线电流电压的传感器。霍尔电流电压传感器具有测量精度高、线性好、频带宽、响应快、可在线进行即时测量和被测电路能量损失微小等优良特点及电性能指标，能隔离主电路和控制电路的磁电检测元件，因而被广泛应用。

霍尔传感器的基本结构如图 1-2-9 所示。

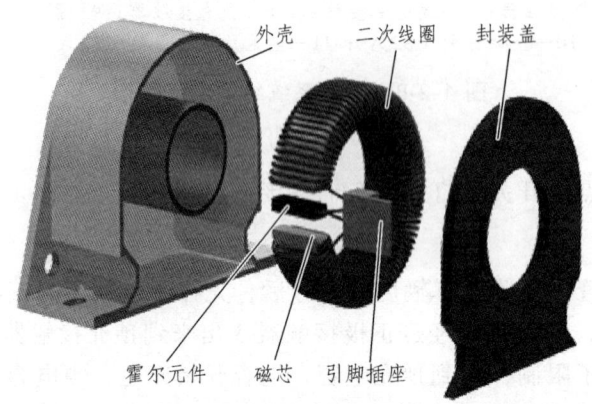

图 1-2-9 霍尔传感器的基本结构和组成示意

将载电流导体置于磁场中时，会在垂直于电流及磁场的方向上产生电压，此现象称为霍尔效应，如图 1-2-10 所示。

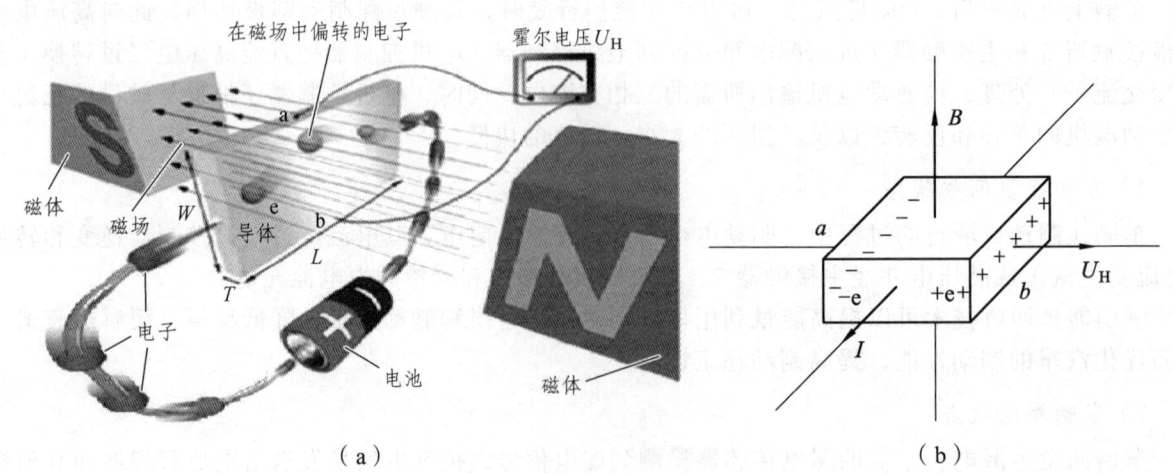

（a） （b）

图 1-2-10 霍尔传感器原理

将载流导体或半导体板放在磁场 B 中，使磁场 B 方向垂直于电流 I 方向，此时在导体或半导体板中运动的自由电子 e 会受到洛伦兹力 F_L 的作用，根据左手定则判断电子 e 受力的方向，电子会偏离到金属板的 a 端，同时还会在 b 端感应出正电荷。所以，在导体板的 a 与 b 之间就会产生电势差 U_H，此电势差 U_H 在导体中产生一个霍尔电场 E_H。当自由电子 e 上的电场力 F_E 和洛伦兹力 F_L 平衡的时候，既 $F_E = F_L$，此时自由电子 e 不再偏移，输出的霍尔电压 U_H 也保持稳定，这种现象称之为霍尔效应。霍尔电压 U_H 与电流 I 和磁场强度 B 之间的关系为

$$U_H = K_H IB \tag{1-2-1}$$

式中　U_H——霍尔元件的输出电压（霍尔电压）；

　　　K_H——霍尔元件的灵敏度，是指在单位磁感应强度和单位控制电流时，输出霍尔电动势的大小，一般要求它越大越好；

　　　I——霍尔元件的偏置电流；

　　　B——磁场强度。

式（1-2-1）表明，霍尔电压 U_H 的大小与控制电流 I 和磁通密度 B 的乘积成正比。霍尔电流传感器就是按照霍尔效应原理制成的，并对安培定律加以应用，即在载流导体周围产生一正比于该电流的磁场，用霍尔器件来测量这一磁场的大小，进而确定载流导体的电流强度。因此，使用非接触方式测量电流成为可能，即通过测量霍尔电势的大小间接测量载流导体电流的大小。

3. DC-DC 转换器

DC-DC 转换器是一种在直流电路中将电压值的电能变为另一电压值的电能的装置，也就是把动力电池的高压电转变成 13.8 V 给蓄电池充电和全车用电器供电。DC-DC 变换电路的主要工作方式是脉宽（PWM）工作方式，其基本原理是通过开关管把直流电斩成方波（脉冲波），并通过调节方波的占空比（脉冲宽度与脉冲周期之比）来改变电压。

4. 漏电传感器

漏电传感器（见图 1-2-11）含有 CAN 通信功能，主要监测与动力电池输出相连接的负母线与车身底盘之间的绝缘电阻，从而判定高压系统是否存在漏电。漏电传感器将漏电数据信息通过 CAN 信号发送给电池管理器、VTOG，并采取相应保护措施。

名称	电池工作状态	警报	触发条件	措　施
动力电池漏电	充放电状态下	正常	$R>500\ \Omega/V$	
		一般漏电报警	$100\ \Omega/V<R\leq 500\ \Omega/V$	仪表灯亮，报动力系统故障
		严重漏电报警	$R\leq 100\ \Omega/V$	行车中：仪表灯亮，立刻断开主接触器、分压接触器。 停车中：①禁止上电；②仪表灯亮，报动力系统故障。 充电中：①断开交流充电接触器、分压接触器；②仪表灯亮，报动力系统故障。

图 1-2-11　漏电传感器及漏电检测判断

比亚迪 E5 车型漏电传感器安装于四合一高压电控箱内，其工作原理如图 1-2-12 所示。漏电传感器通过霍尔磁式平衡原理检测负载电路中的电流变化。从电池包流出的电流 I_+ 流经高压负载后，返回负极电路 I_-，当没有接地漏电时，$I_+=I_-$，漏电传感器霍尔线圈中产生一固定频率、固定波形的交变电流进行激励，使磁芯往复磁化达到饱和。此时漏电传感器不给电池管理器传输漏电信号，电池包正常工作。当车辆发生漏电时，负载输出电流 I_K，此时 $I_+=I_-+I_K$，检测电路中电流发生变化，漏电传感器中电路控制器注入低频电压信号。漏电传感器通过放大、滤波和 A/D 转换得到漏电状况，将漏电信号传递给电池管理器。电池管理器根据信号判断车辆是否安全，控制相关接触器断开，确保车辆安全。

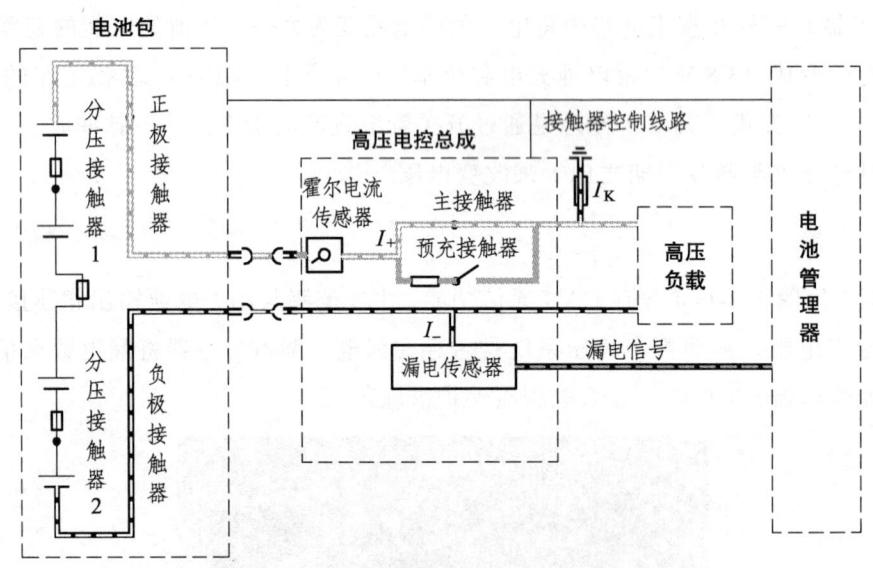

图 1-2-12　漏电传感器工作原理

5. 直流烧结光耦传感器

直流烧结光耦传感器（见图 1-2-13）的光耦工作原理是以光为媒介传输电信号，它对输入、输出电信号有良好的隔离作用，一般由三部分组成：光的发射、光的接收以及信号放大。输入的电信号驱动发光二极管，使之发出一定波长的光，被光探测器接收而产生光电流，再进一步放大后输出，成为电—光—电的转换。

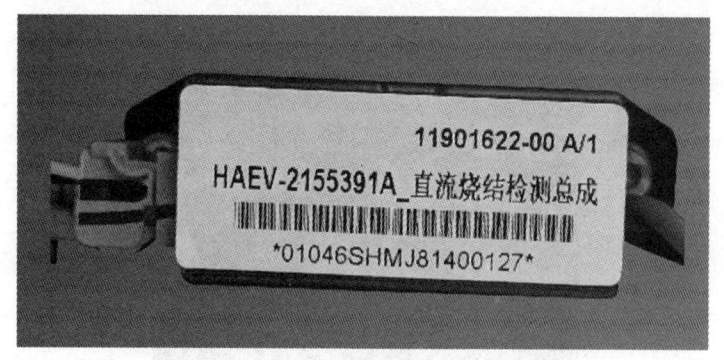

图 1-2-13 直流烧结光耦传感器

6. 预充电阻与预充接触器

车辆在上电时一般都要先进入预充状态，由于电动汽车的电机控制器等电路中都含有电容，电动汽车在冷态启动情况下，主接触器直接接通，电池高压将直接加载到空的电容上，电容两端电压为0，相当于瞬间短路，极大的瞬间电流会对继电器、整流器件、电容等造成较大冲击，甚至损坏。在上电预充时，需要用预充电阻进行限流，防止高电压大电流进入电路，损毁电器元件。通过预充回路对母线之间的电容进行预充，以保证系统正常运行。

启动车辆时，为缓解对高压系统的冲击，电池管理器先吸合预充接触器，电池包的高压电经过预充接触器并联的限流预充电阻（100 Ω）后加载到 VTOG 母线上，VTOG 检测到母线上的电压达到电池包额定电压 60 V 时，通过 CAN 通道向电池管理器反馈一个预充满信号，电池管理器收到预充满信号后控制主接触器吸合，断开预充接触器。

预充电阻与预充接触器如图 1-2-14 所示。

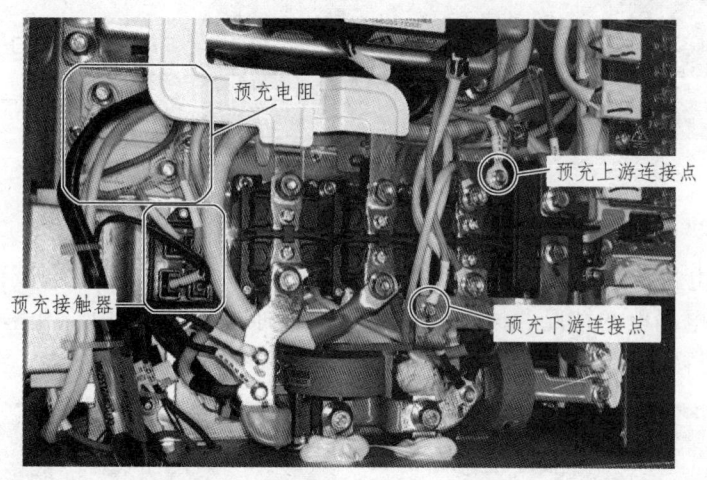

图 1-2-14 预充电阻与预充接触器

7. 预充电容

预充电容是新能源汽车高压上电过程中预充环节里重要的零部件，该电容与动力电池包并联，作为补充电源，可在瞬间高负载情况下，提供大电流，提高高压电输出的能力，如图 1-2-15 所示；另一方面也具有滤波的作用，以稳定电压的输出（充电时电压可能存在波动现象）。

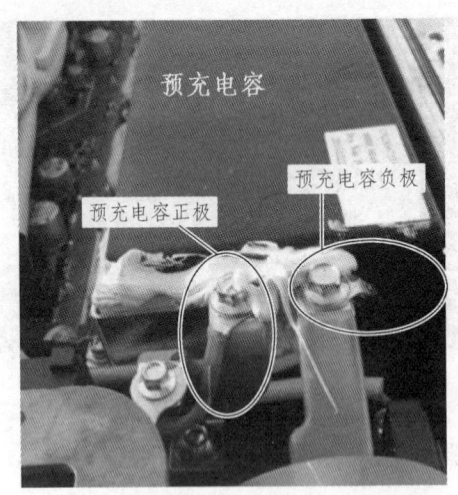

图 1-2-15 预充电容

8. 被动泄放电阻

动力电池在断电后，为了安全，需要通过泄放电阻把电机控制器内电容的电量放掉。在含有主动泄放的同时，驱动电机控制器、空调驱动控制器等内部高压电控产品设计有被动泄放回路，可在短时间内将高压回路直流母线电压泄放到 60 V 以下，作为主动泄放失效的二重保护，如图 1-2-16 所示。

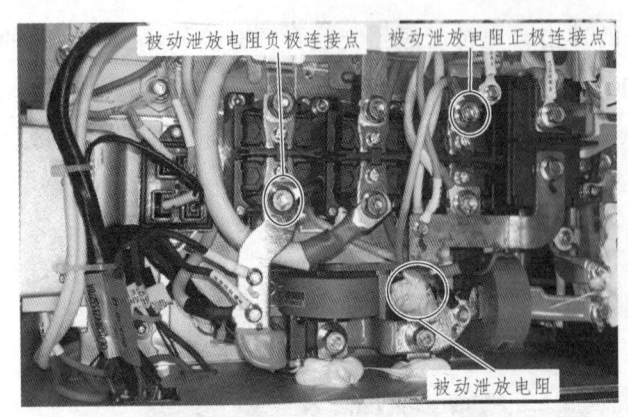 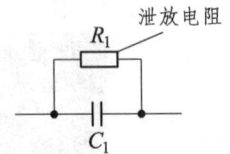

图 1-2-16 被动泄放电阻

9. 主动泄放模块

纯电动汽车驱动电机控制器中一般都含有主动泄放回路，如图 1-2-17 所示。当检测到车辆发生较大碰撞、存在高压电漏电的情况、插接件在拔开状态时，可在 5 s 内将高压回路直流母线电压泄放到 60 V 以下，迅速释放危险电能，最大限度地保证人员和车辆的安全。

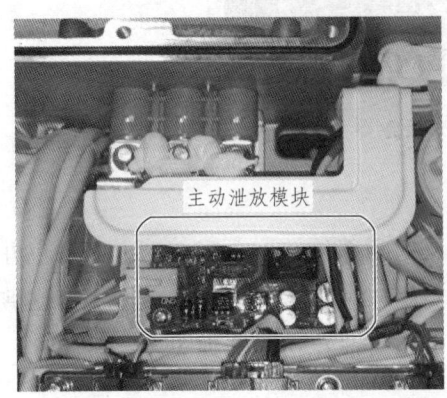 

图 1-2-17 主动泄放模块

10. 车载充电器

车载充电器简称 OBC，其作用是将交流充电口传递过来的（220 V/50 Hz）交流电转换为直流高压电为动力电池充电。3.3 kW 功率以内的单相交流充电均是通过 OBC 进行的，而功率大于 3.3 kW 的交流充电（含单相和三相交流）是通过 VTOG 进行的。小功率充电时，OBC 的效率要高于 VTOG。

11. IGBT 模块

直流高压从电池包过来进入预充电容滤波稳定后再分别给 U、V、W 三相的 IGBT 模块输入，IGBT 模块是由 IGBT（绝缘栅双极型晶体管芯片）与 FWD（续流二极管芯片）通过特定的电路桥接封装而成的模块化半导体产品；封装后的 IGBT 模块直接应用于变频器、不间断电源（UPS）等设备上；IGBT 模块具有节能、安装维修方便、散热稳定等特点。IGBT 模块的正面与背面结构如图 1-2-18 所示，正面紧贴着 IGBT 功率的驱动板，背面紧贴在铝制散热板上。一共有三大块 IGBT 模块，每一大块 IGBT 模块负责一相的转换。每个 IGBT 模块都集成了多个 IGBT 单体与多个 FWD。

图 1-2-18　IGBT 模块

12. 电流感应器

电流感应器是通过测量置于电流路径电阻压降来监视电流的电路，如图 1-2-19 所示。电流传感器输出一个与通过测量路径的电流成比例的电压或电流。

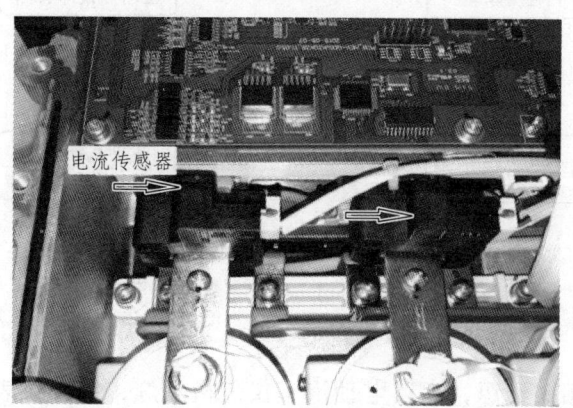

图 1-2-19　电流感应器

学习活动三　高压系统漏电故障排除

一、学习目标

（1）能够在老师指引下，查阅资料，小组合作完成高压绝缘故障排除的资讯检索。

（2）能够根据任务要求，制订工作计划，做出决策，并具体实施。

（3）能够查阅教学资源，分析高压系统绝缘故障的可能原因，并提出解决方案。

（4）能够根据工作页指引，小组合作完成高压系统绝缘故障排除。

（5）能够根据教学资源，小组合作制作高压绝缘故障排除PPT，并展示评价。

（6）能够遵守新能源汽车高压安全操作规范，并执行活动过程的8S管理要求。

（7）能够按职业能力要求进行展示评价。

二、学习准备

设备：新能源汽车台架或整车、举升机等。

常用工具：绝缘工具车1套，配备常用扳手、套筒、螺丝刀等绝缘工具。

防护套件：绝缘手套、防酸碱手套、绝缘鞋、绝缘垫、护目镜等。

专用工具：诊断仪、万用表、绝缘测试仪。

资料：网络资源、维修手册、维修工单、高压安全操作规程。

分组：每组5~6人，小组讨论后，由组长按任务要求分配人员。

三、学习内容

高压系统漏电故障排除学习内容如图1-3-1所示。

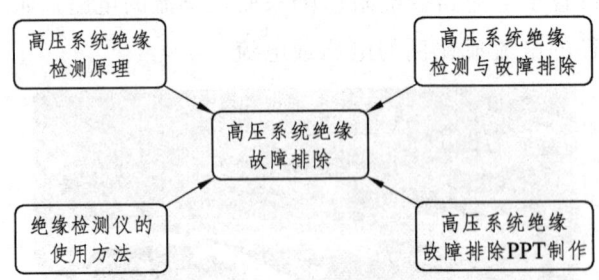

图1-3-1　高压系统漏电故障排除学习内容

四、引导问题

（1）查阅维修手册及相关资源，识读电动汽车仪表指示灯，结合仪表显示图（见图1-3-2），写出仪表指示灯或仪表的名称及功能，完成仪表指示灯识读表（见表1-3-1）。

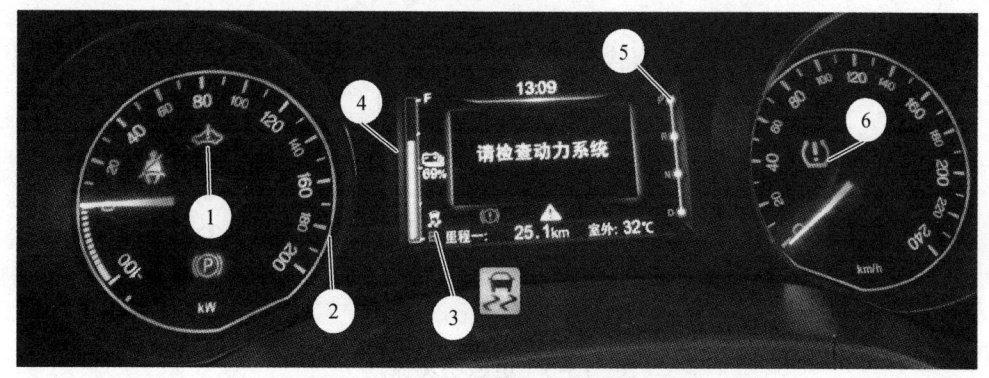

图 1-3-2 电动汽车仪表显示图

表 1-3-1 仪表指示灯识读表

序号或图案	指示灯或仪表名称	序号或图案	指示灯或仪表名称
1			
2			
3			
4			
5			
6			

（2）查阅维修手册或教学资源，分析漏电传感器的工作原理，完成作答。

① 漏电传感器含有 CAN 通信功能，传感器一端与动力电池母线的_____相连，另一端与_____相连，计算两端的绝缘电阻，判定高压系统是否存在漏电，漏电传感器将漏电数据信息通过 CAN 信号发送给电池管理器、VTOG，并采取相应保护措施。

② 补全漏电传感器绝缘检测原理图（见图 1-3-3）。

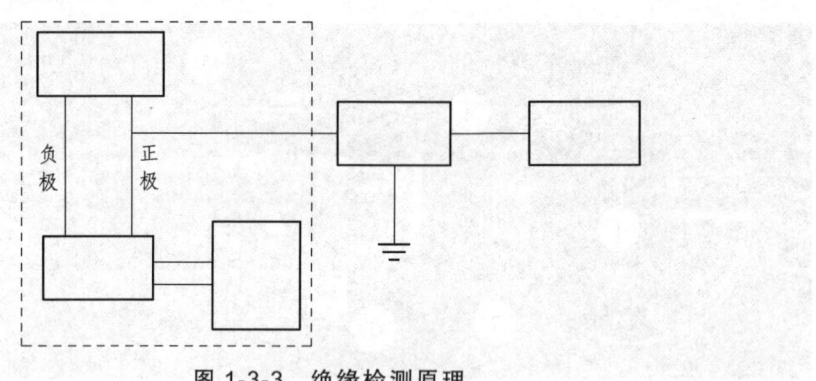

图 1-3-3　绝缘检测原理

③ 漏电数据判定，完成漏电检测表（见表 1-3-2）。

表 1-3-2　漏电检测表

高压回路正极或负极对车身、地等效绝缘电阻	漏电状态	措　施
$R > 500\ \Omega/V$		
$100\ \Omega/V < R \leqslant 500\ \Omega/V$		
$R \leqslant 100\ \Omega/V$	行车中	
	停车中	
	充电中	

④ 查找维修手册，参照漏电传感器接线实物图（见图 1-3-4），写出漏电传感器各端子的功能，完成漏电传感器接线端子表（见表 1-3-3）。

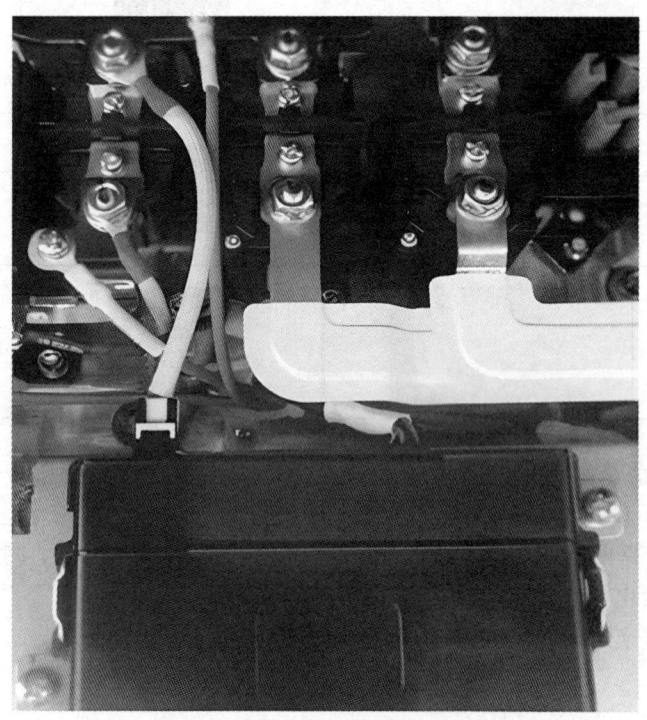

图 1-3-4　漏电传感器接线实物

表 1-3-3　漏电传感器接线端子表

2pin 高压接口	
端子号	定义
1	
2	
12pin 低压接插件	
端子号	定义
3	
4	
5	
6	
9	
10	
12	

（3）查阅绝缘测试仪使用说明书，根据绝缘测试仪实物图（见图 1-3-5），指出图中各按钮或插口的功能，完成表 1-3-4。

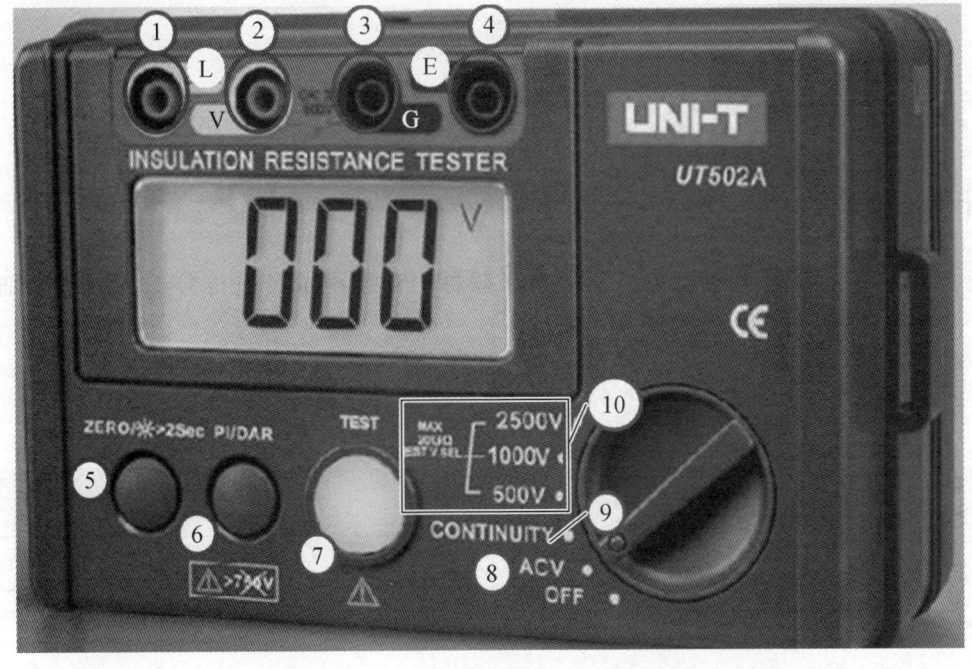

图 1-3-5　绝缘测试仪实物

表 1-3-4　绝缘测试仪按钮、插口功能

序号	功　　能	序号	功　　能
1		6	
2		7	
3		8	
4		9	
5		10	

（4）故障原因分析。

查找维修手册和教学资源，列举高压系统漏电故障现象及可能的原因，完成鱼骨图（见图1-3-6）。

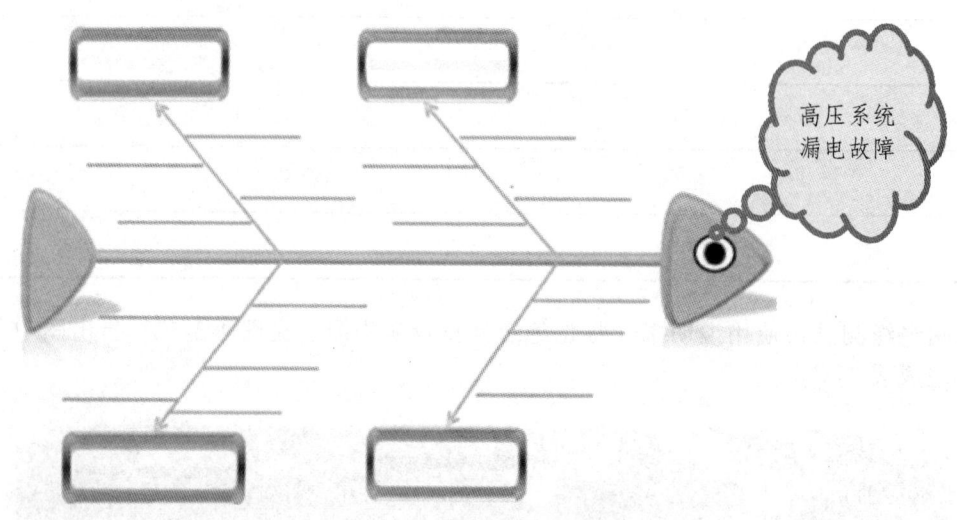

图 1-3-6　高压系统漏电故障鱼骨图

五、计划与决策

根据任务要求，确定需要的设备、工量具、耗材，对小组成员进行分工，制订详细的流程和计划。

1. 制订计划

（1）需要的设备、工量具、耗材。

① 实训设备：_____。

② 安全保护设备：_____。

③ 耗材：_____。

（2）小组成员分工，如表 1-3-5 所示。

表 1-3-5 任务计划表

序号	项　　目	组　员	时间段
1	高压元件中英文查找（例）	×××	9:30—10:00
2			
3			
4			
5			
6			
7			
8			

提示：高压维修，需要维修技师+监护人。

2. 做出决策

列出具体操作/检测步骤，如表 1-3-6 所示。

表 1-3-6 任务决策表

序号	检测项目	工具/设备	注意事项
1			
2			
3			
4			
5			
6			
7			
8			

六、实施与控制

1. 高压维修安全操作步骤

查阅维修手册及相关资源，参考高压维修安全图（见图 1-3-7），列举新能源汽车高压维修操作注意事项：

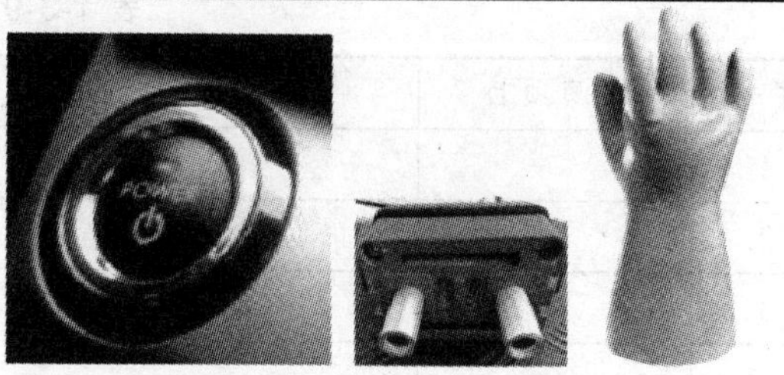

图 1-3-7 高压维修安全图

2. 打到 ON 挡，确认故障现象

OK 灯	□点亮；□正常	动力电池切断警告灯	□点亮；□正常
动力系统警告灯	□点亮；□正常	SOC 状态	□点亮；□正常
充电警告灯	□点亮；□正常	其他故障灯及提示	

3. 读取故障信息

（1）读取故障代码及内容（见表 1-3-7）。

表 1-3-7 故障代码及内容

清除前	
清除后	

（2）读取数据流（只填写与故障相关的数据流，见表 1-3-8）。

表 1-3-8 车辆数据表

项目	数值	单位	判断

4. 初步确定故障范围

结合仪表现象、诊断数据和电路图分析，最有可能的故障范围：

（1）_____。

（2）_____。

（3）_____。

（4）_____。

5. 初步检查

（1）线路/连接器外观及连接情况　□正常　□不正常：_____。

（2）零件安装等　□正常　□不正常：_____。

6. 故障检查与排除

（1）低压元件：线路/部件检查（先电压，后电阻），完成线路/部件检查表（见表 1-3-9）。

表 1-3-9 线路/部件检查表

序号	检测项目	检测端子	检测条件	检测结果	初步判断
1					
2					
3					
4					
5					

（2）高压元件：绝缘检查。

① 写出绝缘测试仪使用方法和步骤。

A. 处于 OFF 挡。

 a. _____。

 b. _____。

B. 校表/调零：开机。

 a. _____。

 b. _____。

 c. _____。

C. 检测。

 a. _____。

 b. _____。

 c. _____。

 d. _____。

 e. _____。

② 利用绝缘检测仪对全车高压部件进行绝缘检测，完成高压部件绝缘检测表（见表 1-3-10）。

表 1-3-10　高压部件绝缘检测表

序号	检测项目	检测端子	检测条件	检测结果	初步判断
1					
2					
3					
4					
5					
6					
7					
8					
9					
10					

7. 故障部位确认和排除（见表 1-3-11）

表 1-3-11　故障部位确认和排除

故障类型	确认故障的位置	排除处理说明
线路故障		□更换□维修□调整
元件故障		□更换□维修□调整

8. 场地恢复

场地恢复，现场进行 8S 管理。

七、评价反馈

组员进行自我评价、相互评价，完成学习评价表（见表1-3-12）的相应内容。

组间评价说明：

（1）操作评价。组员交叉对故障进行评价。

（2）评价要求。组间评价表由评价人给予对应评价等级：单行全对的得"A"，错两个（含）以下得"B"，错两个以上得"C"。

表1-3-12 学习评价表

项目	评价内容	评价等级		
		A	B	C
自我评价	学到的知识点：			
	学到的技能点：			
	不理解的有：			
	还需要深化学习并提升的有：			
组间评价	○按时到场　　○工装齐备　　○书、本、笔齐全			
	○安全操作　　○责任心强　　○8S管理规范			
	○学习积极主动　○合理使用教学资源　○主动帮助他人			
	○接受工作分配　○有效沟通　○高效完成工作任务			
	高压系统漏电故障检修总结评价			
	PPT制作能力			
	展示能力			
	诊断能力			
	创新能力			
	8S管理			
小组评语及建议	他（她）做到了：	组长签名：		
	他（她）的不足：			
	给他（她）的建议：	年　月　日		
老师评语及建议		评价等级： 老师签名： 年　月　日		

八、学习资料

（一）绝缘标准

纯电动汽车由动力电池提供电量，驱动车辆行驶，并开启相关高压辅助系统。动力电池的输出电压多数都在DC 72 V至DC 650 V之间，甚至更高。根据《安全电压》（GB 3805）的相关要求，人体内的安全电压一般是指不致使人直接致死或致残的电压，一般环境条件下允许持续接触的"安全特低电压"是 DC 36 V。电动汽车动力电池的输出电压已远远超过该安全电压。因此，国家在电动汽车安全要求标准里对人员的触电防护提出了明确的要求，其中包括对绝缘电阻值的最低要求。GB/T 18384.3—2015《电动汽车 安全要求 第 3 部分：人员触电防护》规定：在最大工作电压下，直流电路绝缘阻值的最小值应至少大于 100 Ω/V，交流电路应至少大于 500 Ω/V；组合电路应至少满足 500 Ω/V 的要求，或者如果交流电路至少使用了一种相关规定的附加防护方法，则组合电路应至少满足 100 Ω/V 的要求。

（二）高压绝缘管理策略

高压系统控制器实时监测高压系统的绝缘电阻，在出现绝缘故障时，由故障诊断程序判定后，通过 CAN 总线上传控制器，并发出报警、降功率运行或切断高电压电路。一旦发生绝缘失效下电，只有在确认排除绝缘故障且符合国家标准对绝缘性要求（见表 1-3-13 电动汽车绝缘标准）后，才允许下次上电。闭合主继电器，高压上电后，BMS 会实时进行绝缘检测；当发现绝缘值低于要求时，控制主继电器再次下电。

表 1-3-13 电动汽车绝缘标准

绝缘电阻值	绝缘情况
$R \geqslant 500$ Ω/V	绝缘性良好
100 Ω/V $\leqslant R < 500$ Ω/V	一般漏电
$R < 100$ Ω/V	严重漏电

（三）高压绝缘检测原理

高压系统绝缘性能检测，根据车辆所处不同状态，需要进行静态检测和动态检测。静态检测是指车辆在上电但未行驶状态进行高压系统绝缘性能检测，动态检测是指车辆在行驶状态或驱动电机参与工作状态下进行高压系统绝缘性能检测。

静态检测：根据电动汽车国标推荐的电动汽车绝缘电阻计算方法，采用电桥测量法对绝缘电阻进行检测，高压系统绝缘电阻的等效电路如图 1-3-8 所示。U_{DC} 为直流母线的电压，E 为地（车体），R_3 和 R_4 分别为母线正极和负极对地（车身）的绝缘电阻，R_1、R_2 为偏置电阻，K_1、K_2 为开关。通过测量直流母线正负极对地电压在偏置电阻切换前后的电压值 U_3 和 U_4，并计算得到绝缘电阻 R_3 和 R_4，以此特征量与故障阈值相比较来判断直流母线对地的绝缘状态。

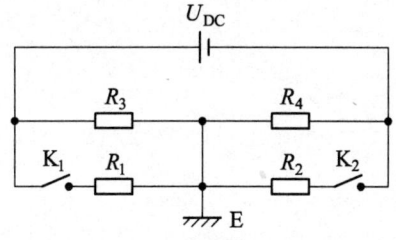

图 1-3-8 高压系统绝缘电阻的等效电路

动态检测：直流侧和交流侧绝缘电阻与静态时有所不同，电机侧绝缘电阻的状态与电机控制器中 IGBT 的通断有关，根据电机控制器的矢量控制方式，IGBT 不同开关状态下绝缘电阻不同，在零矢量状态下三相电缆的绝缘电阻可以等效成一个电机侧对地的绝缘电阻 R_{AC}（见图 1-3-9）。同理，通过测量直流母线正负极对地电压在偏置电阻切换前后的电压值 U_3 和 U_4，并计算得到绝缘电阻 R_3、R_4 和 R_{AC}，以此特征量与故障阈值相比较来判断直流母线对地的绝缘状态。

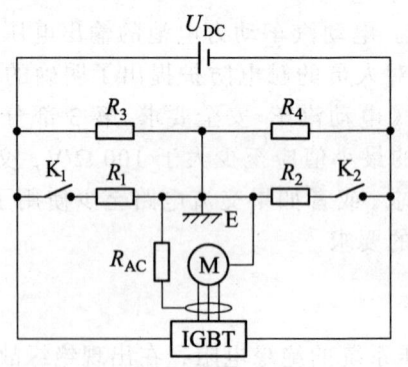

图 1-3-9　高压绝缘电阻等效电路（动态）

（四）车辆绝缘电阻检测

电池管理系统内，一般需要对整个电池系统和高压系统进行绝缘检测，比较简单的是依靠电桥来测量总线正极和负极对地线的绝缘电阻。

高压电控总成内部装配有漏电传感器。通过漏电传感器漏电监测系统框图（见图 1-3-10）可以看出它本身也是一个动力网 CAN 模块，通过监测与动力电池输出相连接的正极母线与车身底盘之间的绝缘电阻来判定高压系统是否存在漏电，漏电传感器将绝缘阻值信息通过 CAN 信号发送给电池管理器，并采取相应保护措施。

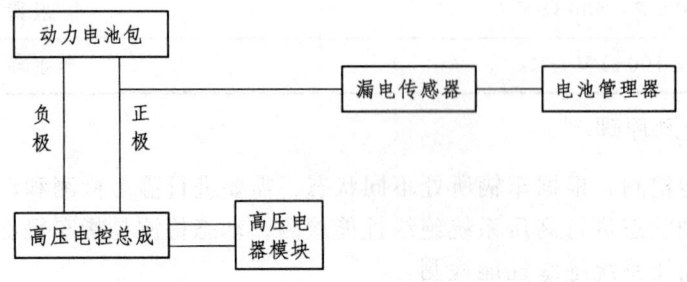

图 1-3-10　漏电传感器漏电监测系统框图

漏电传感器如果检测到绝缘阻值小于设定值时，它通过 CAN 线和硬线同时将漏电信号发给 BMS，BMS 进行漏电相关报警和保护控制。漏电的硬线信号是一种拉低信号，即当漏电传感器检测到漏电时，BMS 的漏电信号端子是低电平，由漏电传感器拉低。

另外，漏电传感器的工作电源也是双路电，因为无论是上电还是充电过程，都需要监测高压系统的绝缘情况。

学习任务二 动力电池警告灯点亮故障检修

专业名称	新能源汽车检测与维修	一体化课程名称	动力电池及充电系统检修
学习任务	动力电池警告灯点亮故障检修	建议学时	24
工作情景描述	顾客王先生早上驾驶新能源汽车上班，发现动力电池故障警告灯点亮，车辆进厂维修，经初步检查，判断为动力电池管理系统故障。维修人员需要按照维修工单和车间作业流程，遵守高压安全检测规范，排除动力电池管理系统故障，竣工后检验合格，交付车辆		
学习任务描述	在老师的指导下确认车辆动力电池警告灯故障现象，接受任务后学习新能源汽车动力电池管理系统的结构组成及工作原理，认知动力电池管理系统的组成部件，检测动力电池管理系统零部件，排除动力电池管理系统高低压电路故障，完成相关工作页的填写；同时，按照维修手册的要求，制定动力电池管理系统元件认知及故障灯点亮检测方案，完成高低压部件认知，排除动力电池故障灯点亮故障，竣工后检验合格，交付车辆后进行总结、评价		
与其他学习任务的关系	在新能源汽车维护保养、新能源汽车新车检查、新能源汽车电动电子等学习任务中了解新能源汽车基本结构的基础上完成本学习任务。通过本学习任务的学习，为动力电池及充电系统检修的其他学习任务打下基础		
专业基础	学生已经完成了新能源汽车维护、保养的操作知识，对新能源汽车各系统的结构认识有了一定的了解		
学习目标	1. 知识 （1）能通过维修手册及网络资源检索动力电池故障灯点亮故障检修的相关信息。 （2）能描述动力电池管理系统的结构组成及各部件的作用。 （3）能描述新能源汽车电路图构成及识图方法。 （4）能分析动力电池故障灯点亮常见故障及可能的原因。 （5）能描述动力电池管理系统零部件检测及判定标准。 2. 技能 （1）能实车认知动力电池管理系统的结构部件，并描述零部件的位置和作用。 （2）能识读新能源汽车电路图，绘制动力电池管理系统电路图，并展示评价。 （3）能在老师指导下，分析动力电池故障灯点亮的原因，并制定维修方案。 （4）能按照维修方案，对动力电池管理系统元器件进行检测，并判断性能。 （5）能排除动力电池故障灯点亮故障，并进行总结评价。 3. 素养 （1）能独立或协作完成故障检修、总结评价等任务。 （2）能遵守工作过程中的8S检验，对职业能力进行展示评价		

续表

学习内容	（1）高压安全防护及8S现场管理规定。 （2）维修手册、电路图册的使用。 （3）动力电池管理系统结构原理与认知。 （4）新能源汽车电路图构成与识图方法。 （5）绘制动力电池管理系统电路图。 （6）动力电池故障灯点亮原因分析与故障排除。 （7）动力电池系统元件、线路检测与性能判定。 （8）动力电池故障灯点亮故障排除与思路总结。 （9）与他人沟通合作，获取信息，对学习与工作进行总结、展示评价
教学条件	维修手册、高压安全操作规程、车间管理制度、8S管理规范制度、绝缘工具套装、新能源汽车专用工位设备器材、绝缘测试仪、诊断仪、测试线、车辆、举升机等
教学组织形式	教学组织形式：小组学习。 （1）情景再现：老师组织学生以小组的形式观察车辆动力电池警告灯故障现象，初步检测，明确学习任务。 （2）初步分析：小组利用工作页和相关知识初步诊断并进行元器件认知。 （3）制定方案：学生识读电路图，绘制动力电池管理系统电路图，分析动力电池故障灯点亮故障原因，制定维修方案并展示评价。 （4）实施方案：小组进行动力电池故障灯点亮故障排除、动力电池管理系统元器件故障排除，工作过程实行自检、互检和终检三级检验。 （5）评价反馈：小组总结、评价，实行自评、互评、老师点评综合评价
教学流程与活动	教学流程：复习与问答→情景导入→任务资讯→计划与决策→实施与控制→评价反馈。 学习活动 <table><tr><td>学习活动一</td><td>电池管理系统结构认知</td><td>6学时</td></tr><tr><td>学习活动二</td><td>电池管理系统电路绘制</td><td>12学时</td></tr><tr><td>学习活动三</td><td>动力电池故障灯点亮故障排除</td><td>6学时</td></tr></table>
评价内容与标准	1. 专业能力评价标准 （1）遵守高压安全操作规范，正确选用工量具和检测设备。 （2）查找认知动力电池管理系统结构部件，描述零部件的位置、作用及原理。 （3）绘制动力电池管理系统电路图，分析故障原因，完成鱼骨图。 （4）通过拆装、检测动力电池管理系统零部件参数判断其性能。 （5）按照故障诊断流程排除故障，并总结故障排除思路。 （6）分析并描述动力电池故障灯点亮的故障原因。 （7）工作过程的自检、互检、终检和8S监督，执行安全操作，做好安全防护。 2. 社会能力评价标准 （1）收集资料，方案制作能力（PPT制作能力、图案绘制能力）。 （2）展示表达能力和团队协作能力。 （3）观察分析、相互评价，相互肯定与提升的能力。 3. 方法能力评价标准 （1）维修手册及电路识图的使用方法。 （2）通过维修手册和网络资源有效获得支撑资料的方法。 （3）通过维修资料和场地资源解决实际问题的能力

学习活动一　电池管理系统结构认知

一、学习目标

（1）能够在老师指引下，查阅资料，小组合作完成电池管理系统结构的资讯检索。
（2）能够根据任务要求，制订工作计划，做出决策，并具体实施。
（3）能够查阅教学资源，独立完成电池管理系统结构部件认知，并描述各部件的位置和作用。
（4）能够根据工作页指引，小组合作完成电池管理系统结构图绘制，并展示评价。
（5）能够查阅教学资源，小组合作展示电池管理的动力流向。
（6）能够遵守新能源汽车高压安全操作规范，并执行活动过程的 8S 管理要求。
（7）能够按职业能力要求进行展示评价。

二、学习准备

设备：新能源汽车台架或整车、举升机等。
常用工具：绝缘工具车 1 套，配备常用扳手、套筒、螺丝刀等绝缘工具。
防护套件：绝缘手套、防酸碱手套、绝缘鞋、绝缘垫、护目镜等。
检测工具：数字钳形表、万用表。
资料：网络资源、维修手册、维修工单、高压安全操作规程。
分组：每组 5～6 人，小组讨论后，由组长按任务要求分配人员。

三、学习内容

电池管理系统结构认知学习内容如图 2-1-1 所示。

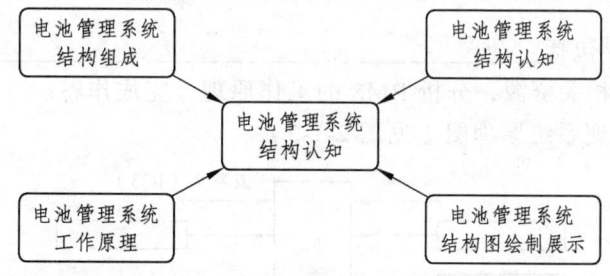

图 2-1-1　电池管理系统结构认知学习内容

四、引导问题

（1）查阅教学资源，分析 BMS 结构、类型和原理，完成相关作答。
① BMS 有＿＿＿＿＿＿＿＿＿＿式和 ＿＿＿＿＿＿＿＿＿＿式两种类型。
② 分析不同车型 BMS 的类型特点，完成 BMS 类型特点表（见表 2-1-1）。

表 2-1-1　BMS 类型特点表

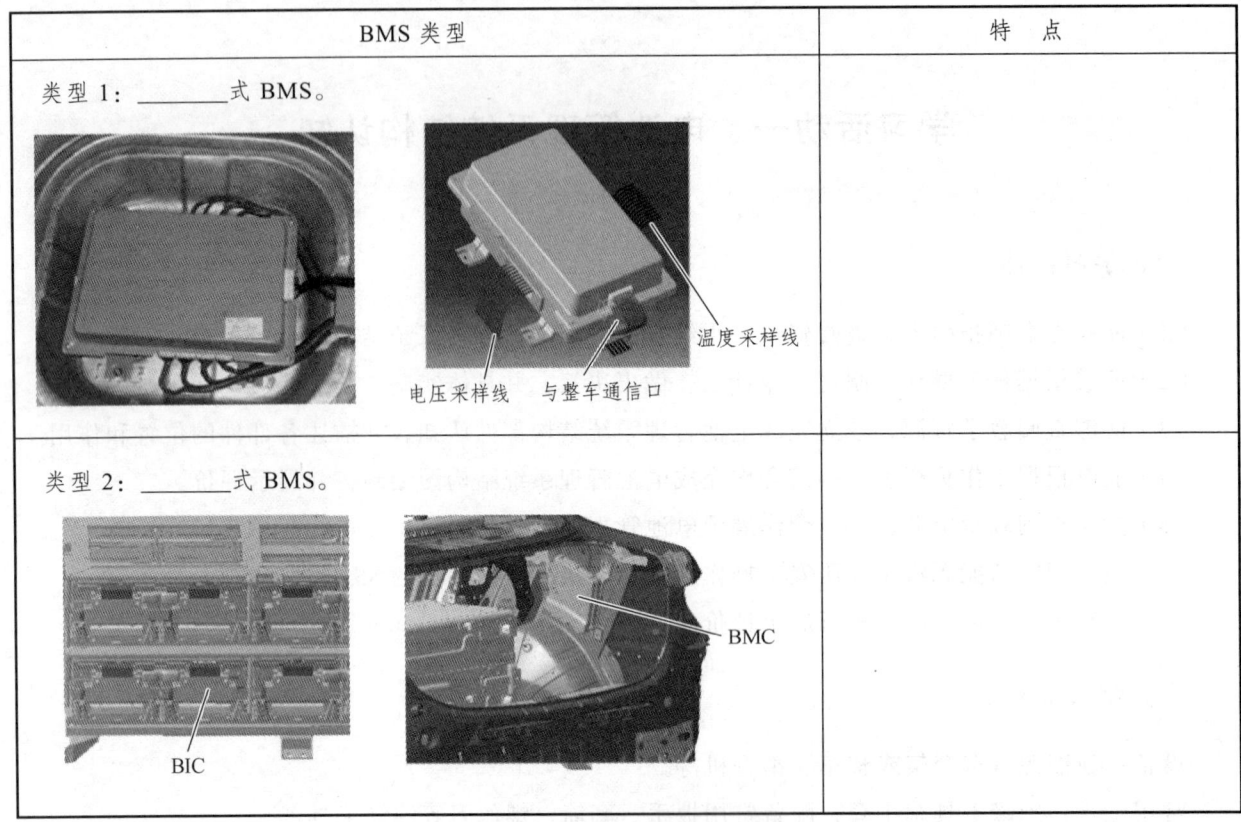

BMS 类型	特　点
类型 1：_____式 BMS。	
类型 2：_____式 BMS。	

（2）分布式 BMS 包含 BMC+BIC+其他输入信号，分析分布式 BMS 的结构和功能，完成作答。
① 指出 BMS、BMC、BIC 的主要功能，完成分布式 BMS 功能表（见表 2-1-2）。

表 2-1-2　布式 BMS 功能表

系统或部件	英文全称	中文名称	功　能
BMS			
BMC			
BIC			

② 其他输入信号主要包括_____、_____、_____、_____等。

（3）查阅维修手册或相关资源，分析 BMS 的工作原理，完成作答。
① 补全 BMS 电池管理系统原理图（见图 2-1-2）。

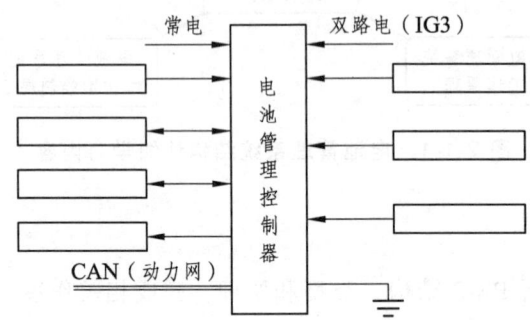

图 2-1-2　BMS 电池管理系统原理

② 查阅相关资源，分析 BMS 监测电压、电流等数据，以及各种报警状态下的措施，完成 BMS 系统监测表（见表 2-1-3）。

表 2-1-3　BMS 系统监测表

BMS 监测项目	电池工作状态	警　报	措　施
动力电池电压	放电状态	单节电池电压过____严重报警	延迟 10 s 切断____接触器，断开____接触器，禁止____
	充电状态	单节电池电压过____严重报警	延迟 10 s 切断____接触器，断开____接触器，禁止____
动力电池电流	电池放电电流	过流报警	电机、压缩机、PTC____功率，过流超过 10 s，断开____接触器，禁止____
	电池充电电流		过流超过 10 s，断开____接触器，禁止____
	回馈电流		限制____电流，过流超过 10 s，断开____接触器
动力电池温度	放电	电池组过热严重报警	动力电池温度过____警告灯亮，延迟 10 s 切断____接触器
	充电	电池组严重低温报警	限制____功率
碰撞	充放电	碰撞报警	切断____接触器、____接触器
漏电	放电	严重漏电报警	动力系统故障灯亮，切断____接触器、____接触器

五、计划与决策

根据任务要求，确定需要的设备、工量具、耗材，对小组成员进行分工，制订详细的流程和计划。

1. 制订计划

（1）需要的设备、工量具、耗材。
① 实训设备：_____。
② 安全保护设备：_____。
③ 耗材：_____。

（2）小组成员分工，如表 2-1-4 所示。

表 2-1-4　任务计划表

序号	项　目	组　员	时间段
1	高压元件中英文查找（例）	×××	9:30—10:00
2			
3			
4			
5			
6			
7			
8			

提示：高压维修，需要维修技师+监护人。

2. 做出决策

列出具体操作/检测步骤，如表 2-1-5 所示。

表 2-1-5 任务决策表

序号	检测项目	工具/设备	注意事项
1			
2			
3			
4			
5			
6			
7			
8			

六、实施与控制

（1）查阅相关维修手册及资源，结合实车分析 BMS 管理系统控制原理，完成作答。

① 补充完成 BMS 系统控制框图（见图 2-1-3）。

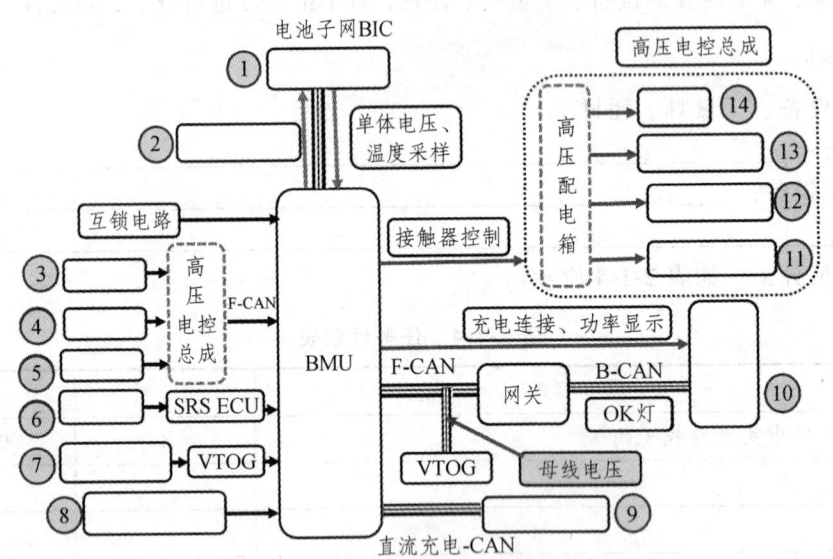

图 2-1-3 BMS 系统控制框图

② 查阅维修手册或相关资源，实车查找识别电池管理系统元器件，指出元件名称、位置和作用，并标贴完成电池管理系统元器件识别表（见表 2-1-6）。

③ 指出高压上电工作原理，完成 OK（启动）挡上电流程。

a. 低压上电后，仪表灯点亮，BCM 同时接通＿＿＿＿＿＿＿＿继电器。

b. 高压控制相关单元 VTOG、＿＿＿＿＿＿＿＿、DC-DC、主控单元工作。

表 2-1-6 电池管理系统元器件识别表

序号	元件名称 （或产生该信号的元件）	安装位置	作　用
1			
2			
3			
4			
5			
6			
7			
8			
9			
10			
11			
12			
13			
14			

c. BMC 接通_____接触器→VTOG、DC-DC 获得母线电压（达到总电压一定值以上：一般相差 50 V）→BMC 接通_____接触器→VTOG 获得母线总电压→高压上电完成→_____灯点亮。

（2）绘制 BMS 电池管理系统结构图，标注元件名称，以及输入、输出信号，并展示评价。

（3）场地恢复与 8S 管理。

七、评价反馈

组员进行自我评价、相互评价，完成学习评价表（见表2-1-7）的相应内容。

组间评价说明：

（1）操作评价。组员交叉进行元件认知评价。

（2）评价要求。组间评价表由评价人给予对应评价等级：单行全对的得"A"，错两个（含）以下得"B"，错两个以上得"C"。

表2-1-7 学习评价表

项 目	评价内容			评价等级		
				A	B	C
自我评价	学到的知识点：					
	学到的技能点：					
	不理解的有：					
	还需要深化学习并提升的有：					
组内评价	○按时到场　　　　○工装齐备　　　　○书、本、笔齐全					
	○安全操作　　　　○责任心强　　　　○8S管理规范					
	○学习积极主动　　○合理使用教学资源　○主动帮助他人					
	○接受工作分配　　○有效沟通　　　　○高效完成工作任务					
	名称	位置	作用			
	BMC					
	动力电池包					
	互锁元件（或接插件）					
小组评语及建议	他（她）做到了：			组长签名：　　　　　　　年　月　日		
	他（她）的不足：					
	给他（她）的建议：					
老师评语及建议				评价等级：　　　　　　　老师签名：　　　　　　　年　月　日		

八、学习资料

（一）动力电池管理系统的作用

电池管理系统即 Battery Management System，简称 BMS，是电动汽车电池系统的参数测试及控制装置，通过检测电池组中各单体电池的状态来确定整个电池系统的状态，并根据它们的状态对动力电池系统进行对应的控制调整和策略实施，实现对动力电池系统及各单体的充放电管理，以保证动力电池系统安全稳定地运行。电池管理系统的基本功能可以分为检测、管理、保护三大功能。具体包括数据采集、状态监测、均衡控制、热管理、安全保护、信息管理等功能。

（二）动力电池管理系统的分类

随着锂电池技术的应用，动力电池系统能量密度更高，容量更大，运行时间更长，对 BMS 的功能也提出了新的要求。按照采集模块和主控模块在实体上的分配布置不同，BMS 分为集中式（Centralized）和分布式（Distributed）两类。

1. 集中式电池管理系统

整个管理系统安置在一个盒体里（见图 2-1-4）。这种管理架构，是将所有的采集单体电压、电压备份和温度的单元全部集中在一块 BMS 板上，由整车控制器直接控制继电器控制盒。大部分低压混合动力汽车都是这种结构。BMS 的全部电压、温度、电流采集信号线，直接连接到控制器上（见图 2-1-4）。采集模块和主控模块的信息交互在电路板上直接实现。集中式 BMS 具有成本低、结构紧凑、可靠性高的优点，一般常见于容量低、总压低、电池串数比较少、电池系统体积小的应用场景中，如总体电压比较低的小型车上。

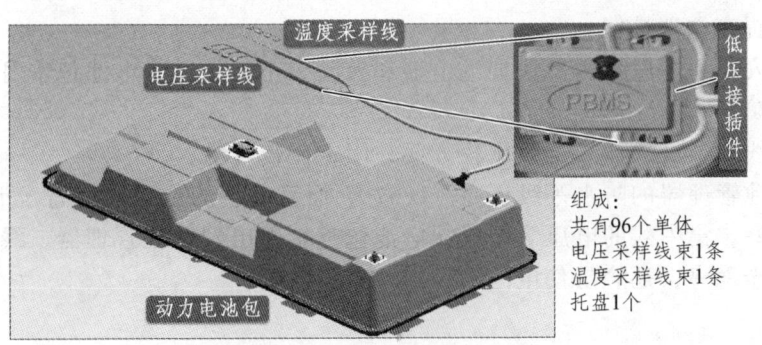

图 2-1-4　集中式电池管理系统

集中式架构的 BMS 硬件可分为高压区域和低压区域。高压区域负责进行单体电池电压的采集、系统总压的采集、绝缘电阻的监测。低压区域包括供电电路、CPU 电路、CAN 通信电路、控制电路等。其特点在于，省去了从板，进而省去了主板与从板之间的通信线束和接口，造价低，信号传递可靠性高。由于全部线束都直接连接到控制盒，无论控制器布置在什么位置，总有部分信号线束过长。因此信号受到干扰的概率增加，线束质量和制作水平以及固定方式也受到考验。

2. 分布式电池管理系统

分布式电池管理系统（Distributed Battery Management System，DBMS）是将电池模组的功能独立分离，由多个电池信息采集器（Battery Information Collector，BIC）和 1 个电池管理控制器（Battery Management Controller，BMC）组成，如图 2-1-5 所示。BIC 分别位于各个动力电池模组内，与动力电池模组进行连接。BMC 与 BIC 通过 CAN 总线实现各控制器间的信息交互，传递相关电池信息。

BIC 的主要功能是电压采样、温度采样、电池均衡、采样线异常检测等；BMC 的主要功能是充放电管理、接触器控制、功率控制、电池异常状态报警和保护、SOC/SOH 计算、自检以及通信功能等。

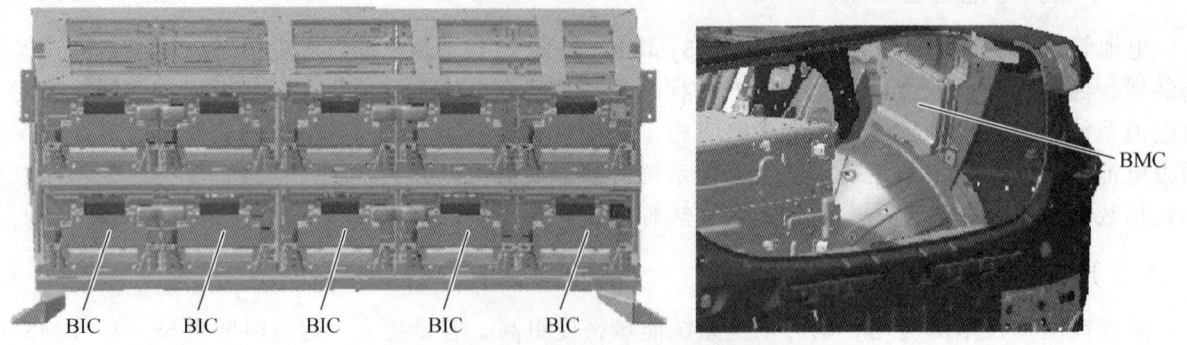

图 2-1-5　分布式电池管理系统

分布式电池管理系统的优点是可以将模组装配过程简化，采样线束固定相对容易，线束距离均匀，不存在压降不一的问题；缺点是成本较高，需要额外的 MCU，独立的 CAN 总线支持将各个模块的信息整合发送给 BMS，总线的电压信息对齐设计也相对复杂。这种方案成本较高，但移植较为方便，属于单价高、开发成本低的典型。

3．分布式电池管理器比集中式电池管理器的优势

（1）结构更加优化、智能，原来电压、温度采样线现在已经被替代；

（2）布置更加合理，上位机的体积减小，有利于整车空间的充分利用，便于布置；

（3）性能更加完善，增加下位机采集器后，能够更加精确地控制电池的电压，通过均充均放保证单体的一致性，提高电池性能；

（4）整车更加安全，在电池内部增加继电器和保险，不仅保证了电池包本身的安全，同时也为整车提供了安全保障；

（5）电压采样线和温度采样线走线比较方便，固定比较容易；

（6）分布式电池管理器的防水等级更高（IP67），而且安装的位置比较高，更加可靠；

（7）安全性更好，集中式的电压采样线从电池包直接引出到电池管理器，线束破损或者接插件进水则容易产生安全隐患，还容易使电池管理器短路而烧毁。

学习活动二 电池管理系统电路绘制

一、学习目标

(1) 能够在老师指引下,查阅资料,小组合作完成 BMS 电路识图与绘图的资讯检索。
(2) 能够根据任务要求,制订工作计划,做出决策,并具体实施。
(3) 能够查阅教学资源,小组合作完成 BMS 电路识图,并描述识读方法。
(4) 能够根据工作页指引,小组合作完成电池管理系统电路绘制,并展示评价。
(5) 能够查阅教学资源,小组合作展示指定电路的走向。
(6) 能够遵守新能源汽车高压安全操作规范,并执行活动过程的 8S 管理要求。
(7) 能够按职业能力要求进行展示评价。

二、学习准备

设备:新能源汽车台架或整车、举升机等。
常用工具:绝缘工具车 1 套,配备常用扳手、套筒、螺丝刀等绝缘工具。
防护套件:绝缘手套、防酸碱手套、绝缘鞋、绝缘垫、护目镜等。
检测工具:数字钳形表、万用表。
资料:网络资源、维修手册、维修工单、高压安全操作规程。
分组:每组 5~6 人,小组讨论后,由组长按任务要求分配人员。

三、学习内容

电池管理系统电路绘制学习内容如图 2-2-1 所示。

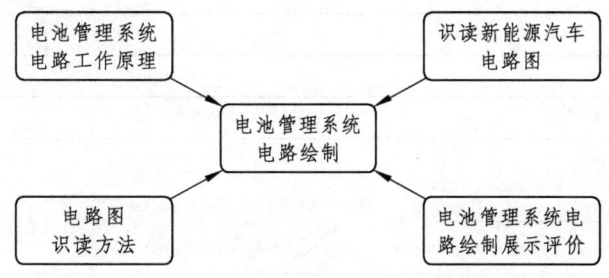

图 2-2-1 电池管理系统电路绘制学习内容

四、引导问题

(1) 查阅电路识图手册,识读新能源汽车电路图(见图 2-2-2)的电路要素含义,完成作答。

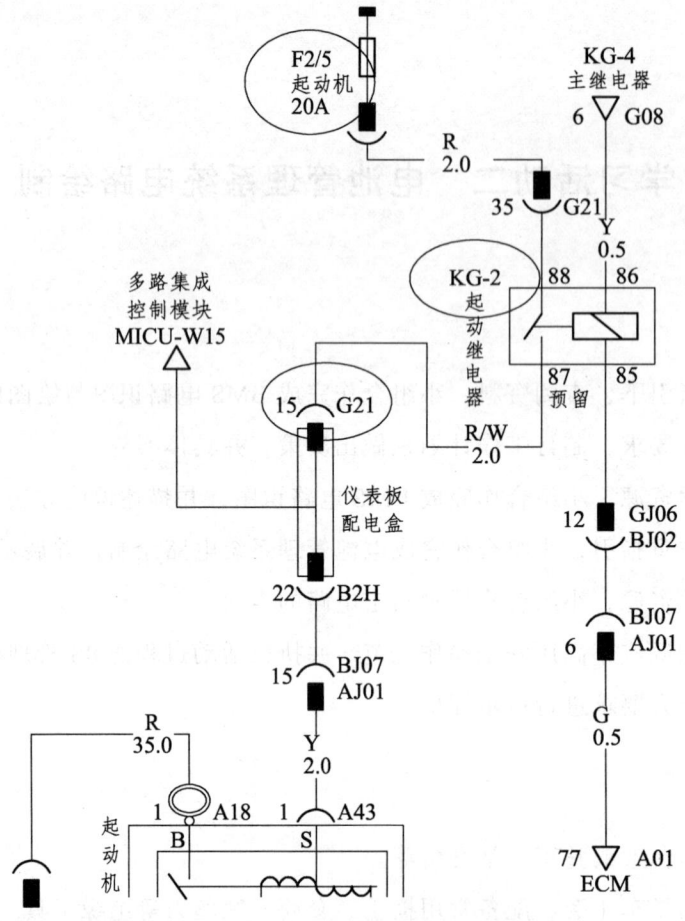

图 2-2-2 新能源汽车电路图

① 电路图的要素包括_____、_____、_____、_____、_____等。
② F2/5、KG-2、G2I/15 分别属于电路图要素的_____、_____、_____。
（2）阅读电路识图手册，指出接插件的类型。
① B2H：_____。
② G77：_____。
③ BJG04：_____。
（3）查阅电路图册，列举 B2H/11 端子分布图的查找路径。
① _____。
② _____。
③ _____。
④ _____。
（4）指出保险丝的含义。
① F4/5：_____。
② FG/3：_____。
（5）指出继电器的含义。
① K2-2：_____。
② KG-1：_____。
（6）查阅维修手册，分析电池管理系统 BMS 电路图（见图 2-2-3），完成作答。

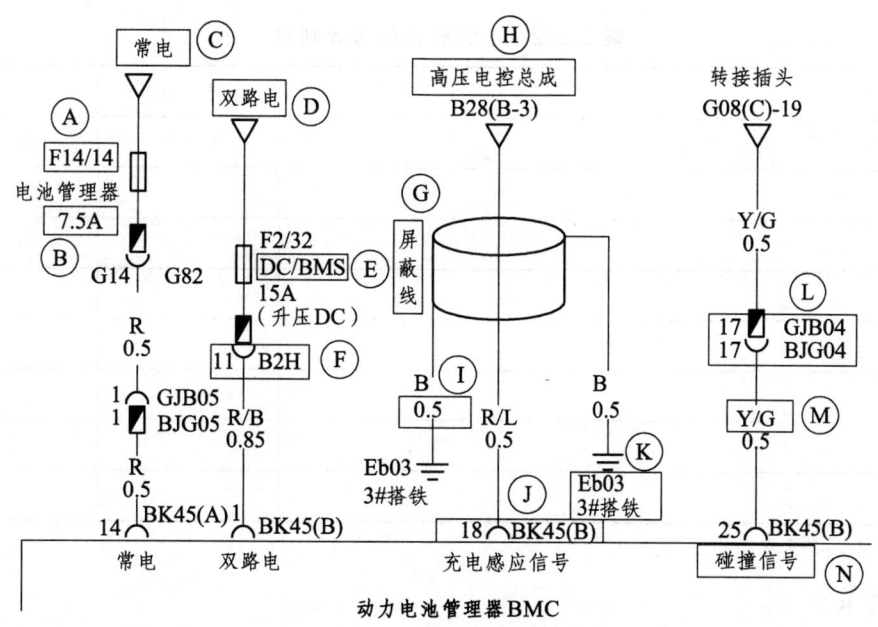

图 2-2-3　电池管理系统电路图

① 图 2-2-3 在维修手册电路图册中的页码是_____。

② 指出电池管理系统电路图（见图 2-2-3）各电路要素的具体含义，完成电路图识读表（见表 2-2-1）。

表 2-2-1　电路图识读表

序号	含　义	序号	含　义
A		H	
B		I	
C		J	
D		K	
E		L	
F		M	
G		N	

五、计划与决策

根据任务要求，确定需要的设备、工量具、耗材，对小组成员进行分工，制订详细的流程和计划。

1. 制订计划

（1）需要的设备、工量具、耗材。

① 实训设备：_____。

② 安全保护设备：_____。

③ 耗材：_____。

（2）小组成员分工，如表 2-2-2 所示。

表 2-2-2 小组成员任务计划表

序号	项 目	组 员	时间段
1	高压元件中英文查找（例）	×××	9:30—10:00
2			
3			
4			
5			
6			
7			
8			

提示：高压维修，需要维修技师+监护人。

2. 做出决策

列出具体操作/检测步骤，如表 2-2-3 所示。

表 2-2-3 任务决策表

序号	检测项目	工具/设备	注意事项
1			
2			
3			
4			
5			
6			
7			
8			

六、实施与控制

（1）查阅维修手册，查找实车动力电池管理系统接插件，绘制端子分布图，并标注指定端子号对应的导线颜色，完成实车端子说明表（见表 2-2-4）。

表 2-2-4 实车端子说明表

连接器/端子号	BK45（B）/18	B2H/11	G77/3
连接器颜色			
端子分布图及导线端子颜色			
连接器/端子号	B28（B）/3	G2L/5	B52/1
连接器颜色			
端子分布图及导线端子颜色			

（2）BMS 电池管理系统电路拆绘。

参考 BMS 输入输出控制图，绘制实车 BMS 电路图，标注元件名称、代码、内部结构、电路走向，以及电源（双路电继电器）、接地源头和 CAN 通信线（含电池子网），并展示评价。

七、评价反馈

组员进行自我评价、相互评价，完成学习评价表（见表 2-2-5）的相应内容。

组间评价说明：

（1）操作评价。组员交叉进行元件认知评价。

（2）评价要求。组间评价表由评价人给予对应评价等级：单行全对的得"A"，错两个（含）以下得"B"，错两个以上得"C"。

表 2-2-5 学习评价表

项　目	评价内容	评价等级		
		A	B	C
自我评价	学到的知识点：			
	学到的技能点：			
	不理解的有：			
	还需要深化学习并提升的有：			
组内评价	○按时到场　　　○工装齐备　　　○书、本、笔齐全			
	○安全操作　　　○责任心强　　　○8S管理规范			
	○学习积极主动　○合理使用教学资源　○主动帮助他人			
	○接受工作分配　○有效沟通　　　○高效完成工作任务			
	端子号 / 元件名称 / 位置 / 导线颜色/保险丝额定容量			
	G77/5			
	B2H/11			
	G2L/5			
	F2/32			
	F4/14			
	GJB04/17			
小组评语及建议	他（她）做到了： 他（她）的不足： 给他（她）的建议：	组长签名： 　　年　月　日		
老师评语及建议		评价等级： 老师签名： 　　年　月　日		

八、学习资料

（一）电路图的识读方法

电路图是车辆上各种电气部件的配置和连接关系的图示表达方式，又称为线路图。电路图提供

56

了电气系统的电源分配、电气部件名称、线路连接方式，以及搭铁点、连接器等信息，这些信息可以帮助维修技师了解系统的运作方式、辅助寻找和确认各部件的位置、提供判断电流走向的方法，并有助于对电气故障进行排除。电路原理图（见图2-2-4）中包含接插件、保险丝、继电器、导线、用电器等多个元素。

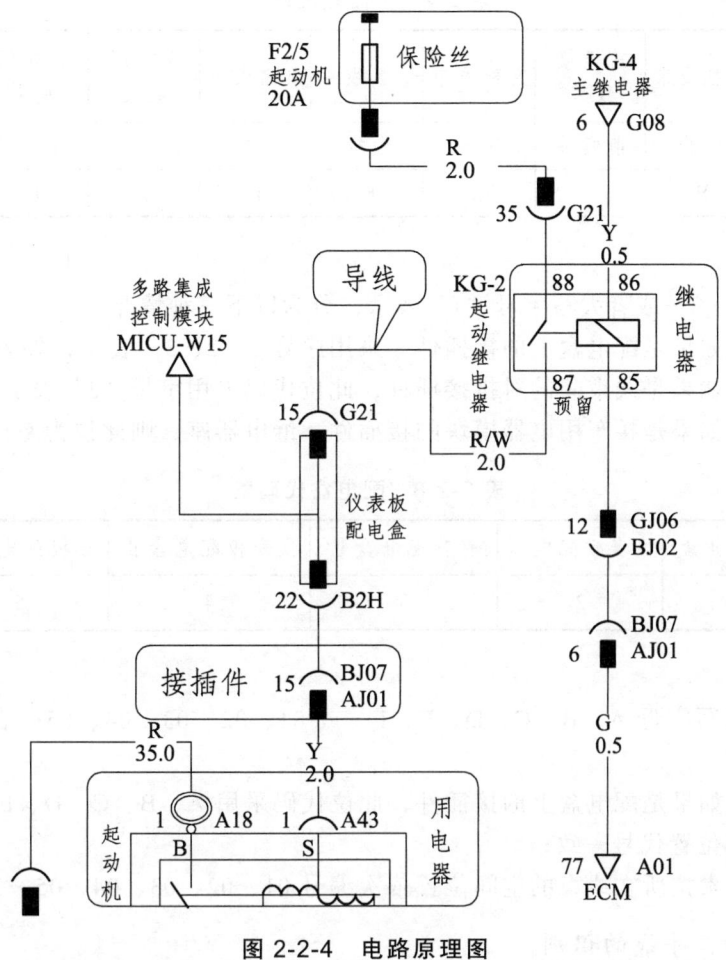

图 2-2-4 电路原理图

（二）接插件识别方法

为正确快速地查找到相关线束的类型及位置，通过对电路图上接插件的编号识别，可以快速确定线束及插线位置功能。如图2-2-5所示接插件编码由3部分组成，分别代表3种含义（见表2-2-6）。

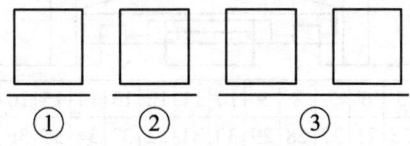

图 2-2-5 接插件编码

表 2-2-6 接插件编码含义

第一位	第二位	第三位
位置	类别	排序
线束代码（字母）	线束对接编号 J	接插件编号（数字）
	空	
	配电盒代码	配电盒端口（字母）

1. 位置代码

位置代码采用 A、B、C、G、K…表示（I、J、O、X、i、j 不予采用），该位取决于该回路元素所属线束的位置，对应关系参照位置代码表（见表 2-2-7）。

表 2-2-7 位置代码表

线束名称	发动机线束	前舱线束	前横梁线束	仪表线束	地板线束	顶棚线束	左前门线束	右前门线束	左后门线束	右后门线束
装配位置	发动机	前舱	前横梁	管梁	地板	顶棚	左前门	右前门	左后门	右后门
编码	A	B	C	G	K	P	T	U	V	W

2. 类别代码

类别代码采用 1、2…或者大写字母"J"表示，分为以下三种情况：

（1）该回路元素如果是配电盒上的接插件，采用序号 1、2、3…表示，如表 2-2-8 所示；

（2）该回路元素如果是线束间的对接接插件，此位代码采用字母"J"表示；

（3）该回路元素如果是接车用电器模块的接插件、继电器座，则此位为空。

表 2-2-8 配电盒代码表

配电盒名称	前舱配电盒	仪表板配电盒	前舱配电盒Ⅱ	仪表板配电盒Ⅱ	正极配电盒Ⅰ	正极配电盒Ⅱ
编码	1	2	3	4	5	8

3. 排序代码

排序代码采用大写字母 A、B、C、D、E、F…或 01、02、03、04、05…表示，分为以下两种情况。

（1）该回路元素如果是配电盒上的接插件，此位代码采用 A、B、C、D、E、F…，该位与接插件所插配电盒的插口位置代号一致；

（2）其他回路元素按所在线束的空间位置依次编号 01、02、03、04、05…。

4. 接插件针脚、导线的识别

1）接插件针脚识别

接插件图（见图 2-2-6）所示自锁方向朝上，接插件插头引脚按从左到右、从上到下进行编号；接插件插座引脚按从右到左、从上到下进行编号。

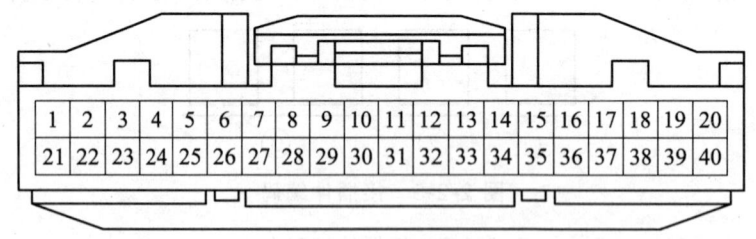

图 2-2-6 接插件图

2）导线识别

线路图的导线除了绘制出线段外，还标注有电路编号、导线绝缘层颜色，以及是否有屏蔽电路或双绞线等电路的信息，此外在连接器端视图中还可以查到导线的尺寸规格。表 2-2-9 介绍了电路中相关导线的类型、作用及识别方法。

表 2-2-9　线束类型、作用及识别方法

线束类型	作 用	图 例	电路图中标示
标准线	用于一般情况的导线连接，无须屏蔽要求		Y 0.5
双绞线	在低频情况下，双绞线可以靠自身来抗拒外来干扰及相互之间的窜音，如低速 CAN、扬声器等		CAN H　CAN L X21-6　X21-6 多路集成控制模块
屏蔽线	能够将辐射降低在一个范围内，或者防止辐射进入导线内部，造成信号干扰，如音频信号线（屏蔽网接地）		CAN H　CAN L X2n-38　X2n-39 多路集成控制模块

　　线路图中导线上面的字母代码代表该导线绝缘层的颜色，导线颜色有单色和双色两种。其线色字母代表含义见线色代码表（见表 2-2-10）。双色导线"/"前面的字母标识导线基色，"/"后面的字母标识辅助色，双色导线识别图（见图 2-3-7）中电路编号为 L/Y 的导线，其中 L（蓝）是导线的基准色，Y（黄色）为导线的辅助色。

表 2-2-10　线色代码表

字母	W	B	R	G	L	O	Br	Y	Gr	P	V
颜色	白	黑	红	绿	蓝	橙	棕	黄	灰	粉红	紫

　　双色导线的线色布置如图 2-2-7 所示。

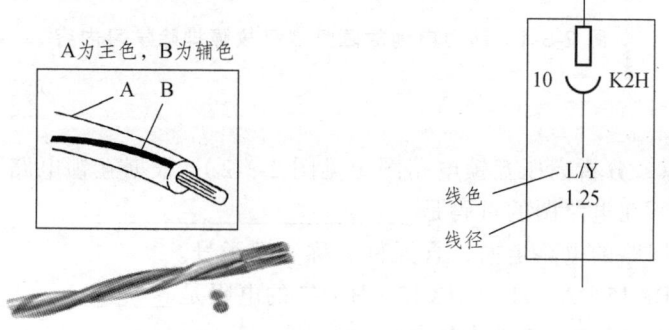

图 2-2-7　双色线识别图

学习活动三 动力电池故障灯点亮故障排除

一、学习目标

（1）能够在老师指引下，查阅资料，小组合作完成动力电池故障灯点亮故障排除的资讯检索。
（2）能够根据任务要求，制订工作计划，做出决策，并具体实施。
（3）能够查阅教学资源，分析高压系统动力电池故障灯点亮的可能原因，并提出解决方案。
（4）能够根据工作页指引，小组合作完成动力电池故障灯点亮故障排除。
（5）能够根据教学资源，小组合作制作动力电池故障灯点亮故障排除PPT，并展示评价。
（6）能够遵守新能源汽车高压安全操作规范，并执行活动过程的8S管理要求。
（7）能够按职业能力要求进行展示评价。

二、学习准备

设备：新能源汽车台架或整车、举升机等。
常用工具：绝缘工具车1套，配备常用扳手、套筒、螺丝刀等绝缘工具。
防护套件：绝缘手套、防酸碱手套、绝缘鞋、绝缘垫、护目镜等。
专用工具：诊断仪、万用表、绝缘测试仪。
资料：网络资源、维修手册、维修工单、高压安全操作规程。
分组：每组5~6人，小组讨论后，由组长按任务要求分配人员。

三、学习内容

动力电池故障灯点亮故障排除学习内容如图2-3-1所示。

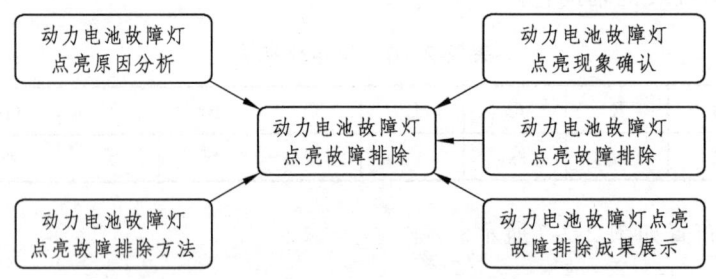

图2-3-1 动力电池故障灯点亮故障排除学习内容

四、引导问题

（1）查阅教学资源，分析高压互锁电路图（见图2-3-2），根据互锁电路工作原理完成作答。
① 高压互锁电路所在电路图的页码是_____。
② 写出高压互锁回路的电路走向，含元件名称和端子号。
③ 正常情况下，BK45（A）/1与BK45（B）/7的电阻是_____，若BK45（A）/1端子电压为5 V，则BK45（B）/7的电压是_____。

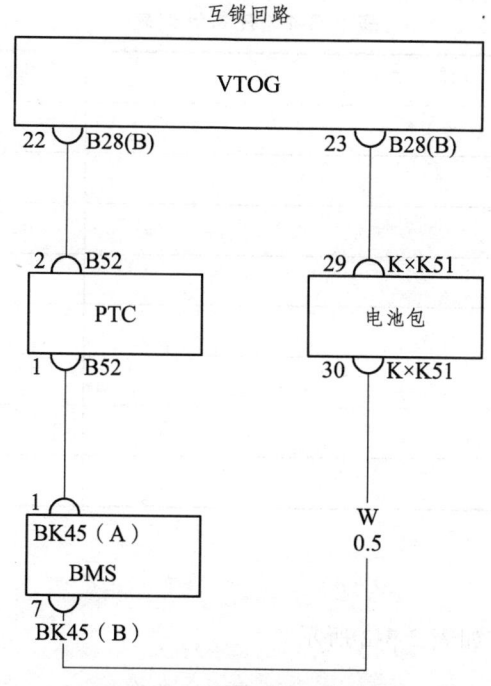

图 2-3-2 高压互锁电路图

（2）故障原因分析。

查找维修手册和教学资源，列举动力电池故障灯点亮现象及可能的原因，完成鱼骨图（见图 2-3-3）。

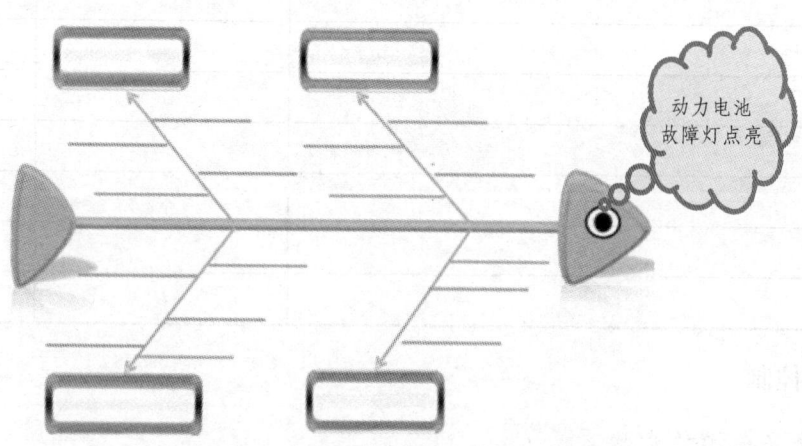

图 2-3-3 动力电池故障灯点亮鱼骨图

五、计划与决策

根据任务要求，确定需要的设备、工量具、耗材，对小组成员进行分工，制订详细的流程和计划。

1. 制订计划

（1）需要的设备、工量具、耗材。

① 实训设备：_____。

② 安全保护设备：_____。

③ 耗材：_____。

（2）小组成员分工，如表 2-3-1 所示。

表 2-3-1 任务计划表

序号	项 目	组 员	时间段
1	高压元件中英文查找（例）	×××	9:30—10:00
2			
3			
4			
5			
6			
7			
8			

提示：高压维修，需要维修技师+监护人。

2. 做出决策

列出具体操作/检测步骤，如表 2-3-2 所示。

表 2-3-2 任务决策表

序号	检测项目	工具/设备	注意事项
1			
2			
3			
4			
5			
6			
7			
8			

六、实施与控制

1. 高压维修安全操作步骤

查阅维修手册及相关资源，参考高压维修安全图（见图 2-3-4），列举新能源汽车高压维修操作注意事项：

图 2-3-4 高压维修安全图

2. 确认故障现象

点火开关打至 ON 挡，观察仪表相关指示灯，完成仪表指示灯检查确认表 2-3-3。

表 2-3-3 仪表指示灯检查确认表

OK 灯	□点亮；□正常	动力电池切断警告灯	□点亮；□正常
动力系统警告灯	□点亮；□正常	SOC 状态	□点亮；□正常
充电警告灯	□点亮；□正常	其他故障灯及提示	

3. 读取故障信息

使用诊断仪进行初步诊断，读取故障信息。

（1）读取故障代码及内容（见表 2-3-4）。

表 2-3-4 故障代码及内容

清除前	
清除后	

（2）使用诊断仪读取车辆相关数据，并填写车辆数据表（只填写与故障相关的数据流，见表 2-3-5）。

表 2-3-5 车辆数据表

项 目	数 值	单 位	判 断

4. 初步确定故障范围

结合仪表现象、诊断数据和电路图分析，最有可能的故障范围：

（1）_____。
（2）_____。
（3）_____。
（4）_____。

5. 初步检查

（1）线路/连接器外观及连接情况　□正常　□不正常：_____。
（2）零件安装等　□正常　□不正常：_____。

6. 故障检查与排除

（1）低压元件：线路/部件检查（先电压，后电阻），完成线路/元件检查表（见表 2-3-6）。

表 2-3-6 线路/元件检查表

序号	检测项目	检测端子	检测条件	检测结果	初步判断
1					
2					
3					
4					
5					
6					
7					
8					
9					
10					

7. 故障部位确认和排除（见表 2-3-7）

表 2-3-7 故障部位确认和排除

故障类型	确认故障的位置	排除处理说明
线路故障	油门 BG44/3-VTOG B28（A）/40 线路断路	□更换□维修□调整
元件故障		□更换□维修□调整

8. 场地恢复

场地恢复，现场进行 8S 管理。

七、评价反馈

组员进行自我评价、相互评价，完成学习评价表（见表 2-3-8）的相应内容。
组间评价说明：

（1）操作评价。组员交叉对故障进行评价。

（2）评价要求。组间评价表由评价人给予对应评价等级：单行全对的得"A"，错两个（含）以下得"B"，错两个以上得"C"。

表 2-3-8 学习评价表

项目	评价内容			评价等级		
				A	B	C
自我评价	学到的知识点：					
	学到的技能点：					
	不理解的有：					
	还需要深化学习并提升的有：					
组间评价	○按时到场	○工装齐备	○书、本、笔齐全			
	○安全操作	○责任心强	○8S管理规范			
	○学习积极主动	○合理使用教学资源	○主动帮助他人			
	○接受工作分配	○有效沟通	○高效完成工作任务			
	高压系统漏电故障检修总结评价					
	PPT制作能力					
	展示能力					
	诊断能力					
	创新能力					
	8S管理					
小组评语及建议	他（她）做到了：			组长签名：		
	他（她）的不足：					
	给他（她）的建议：			年　　月　　日		
老师评语及建议				评价等级： 老师签名： 年　　月　　日		

八、学习资料

（一）动力电池及其管理系统常见故障

动力电池管理系统（BMS）常见故障类型包括高压互锁故障、CAN 系统通信故障、BMS 未正常工作、电压采集异常、温度采集异常、绝缘故障、内外总电压测量故障、预充电故障、无法充电、电流显示异常故障等，其故障现象及原因如表 2-3-9 所示。

表 2-3-9　动力电池管理系统常见故障现象及原因

序号	故障名称	故障现象	故障原因
1	高压互锁故障	无法上高压电,车辆无法运行,OK/Ready 灯不亮(诊断仪可测 BMS)	高压插件松动、未插好或互锁线路故障
2	CAN 通信故障	无法上高压电,车辆无法运行,OK/Ready 灯不亮,动力故障灯点亮,SOC 为 0%(诊断仪测不了 BMS)	CAN 线端脱落、断路,CAN 端子退针(松动)都会导致通信故障
3	BMS 电源线路故障	无法上高压电,车辆无法运行,OK/Ready 灯不亮,动力故障灯点亮,SOC 为 0%(诊断仪测不了 BMS)	BMS 供电保险丝烧断;供电异常、线束短路或是断路
4	绝缘检测报警	无法上高压电,车辆无法运行,OK/Ready 灯不亮(诊断仪可测 BMS,读到绝缘电阻值为 0)	电池或其他高压部件漏电;绝缘模块检测线接错;漏电传感器故障
5	采集模块数据为 0	无法上高压电,车辆无法运行,动力电池故障灯点亮,OK/Ready 灯不亮(诊断仪可测 BMS,无法读取 BMS 采集信息)	采集模块采集线断开、采集模块损坏;采集模块与 BMS 通信故障
6	电池电流数据错误	车辆可以运行,但是电流表和功率表都为 0	霍尔信号线插头松动、霍尔传感器损坏、采集模块损坏
7	电池温度过高	仪表点亮动力电池过热故障灯	电池冷却水少、外部水管漏水;电池冷却水泵故障
8	不能使用充电机充电	其他正常,无法正常充电	充电机与 BMS 通信不正常;车载充电机控制端故障
9	SOC 异常	OK/Ready 点亮,SOC 为 0%	更换 BMS 后未匹配
10	预充电故障	无法上高压电,车辆无法运行,OK/Ready 灯不亮	预充继电器开路、预充电阻开路
11	上电后主继电器不吸合	无法上高压电,车辆无法运行,OK/Ready 灯不亮	预充未完成(预充继电器开路、预充电阻开路);主继电器故障
12	单体电压异常	无法上高压电,车辆无法运行,OK/Ready 灯不亮,动力电池故障灯点亮	单体电压过低或过高,均衡失败,过充或过放电

纯电动汽车电池管理系统常见的故障灯如图 2-3-5 所示。

  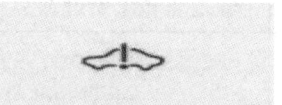

动力电池过热警告灯　　　　动力电池故障警告灯　　　　动力系统故障警告灯

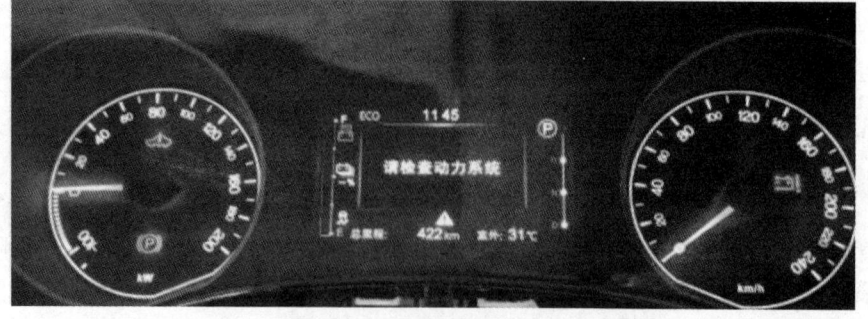

图 2-3-5　纯电动汽车电池管理系统常见故障灯

图中所展示的仪表中，其动力系统故障灯点亮，动力电池过热警告灯点亮，动力电池故障警告灯点亮，此时所显示的电池电量 SOC 为 0%，说明其动力系统出现故障。

（二）动力电池系统数据流

当动力电池系统出现故障后，可使用电动汽车的故障诊断仪读取相关故障代码及其数据流作为动力电池系统故障的判断依据。以某新能源汽车为例，该车动力电池静态下的数据如表 2-3-10 所示，通过数据流读取，对比正常状态下的相关数据，作为判断动力电池系统故障的依据。使用诊断仪接入电池管理系统，可以读取动力电池的模组信息、均衡信息（每个单体电池的均衡信息）、采样信息（每节单体电池的采样信息）。

表 2-3-10 动力电池静态下的数据

数据项目	数值	单位	最小值	最大值
SOC	72	%	0	100
电池包当前总电压	420	V	0	1 000
电池包当前总电流	0.3	A	−500	1 000
最大允许充电功率	68	kW	0	500
充电次数	10	次		
充满次数	0	次	0	65 535
最大允许放电功率	125.5	kW	0	500
累计充电电量	140	A·h		
累计放电电量	122	A·h		
累计充电电能	45	kW·h		
累计放电电能	39	kW·h		
历史顶端压差	103	mV	0	5 000
历史低端压差	0	mV	0	5 000
当前绝缘电阻值	13 991	kΩ		
放电是否允许	允许			
充电允许	未接充电			
充电感应信号-交流	无			
充电感应信号-直流	无			
预充状态	预充完成			
当前预充接触器状态	断开			
负极接触器状态	闭合			
正极接触器状态	闭合			
高压互锁 1	未锁止			
高压系统	正常			
最低单节电池电压	3.805	V		
最高单节电池电压	3.908	V		
最低温度	33	°C		
最高温度	33	°C		
DC 工作命令	允许			
主动泄放命令	不允许			

不同的车其数值也会不一样，但是也有一些数值是一致的，比如各接触器的状态、高压互锁1的状态等。表2-3-10所示的数据流里"高压互锁"显示"未锁止"就是代表高压互锁是正常的。

（三）车辆高压互锁监测

高压互锁的目的是确认整个高压系统的完整性，当高压系统电路断开或者完整性受到破坏时，需采取相关安全措施。

（1）高压互锁的存在，可以使得在高压总线上电之前，就知道整个系统的完整性，也就是说在电池系统主、负继电器闭合给电之前就防患于未然。

（2）高压互锁的存在，是需要整个系统构成的，主要通过连接器的低压连接回路完成，电池管理单元一般需要提供电路的检测回路。

（3）高压互锁源有三种不同的方式，5 V、12 V和PWM波。

（四）高压互锁的结构与工作原理

1. 结构互锁

如图2-3-6所示的主要高压接插件均带有高压互锁插头，当其中某个接插件被带电断开时，动力电池管理系统便会检测到高压互锁回路存在断路，为保护人员安全，将立即进行报警并断开主高压回路电气连接，同时激活主动泄放。

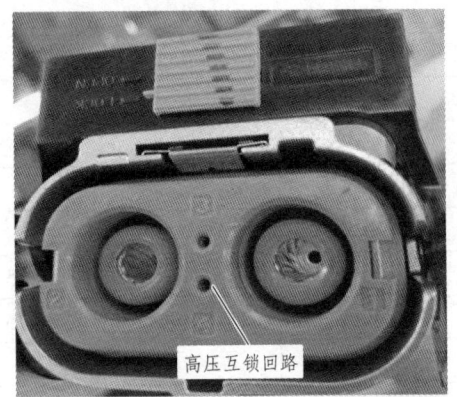
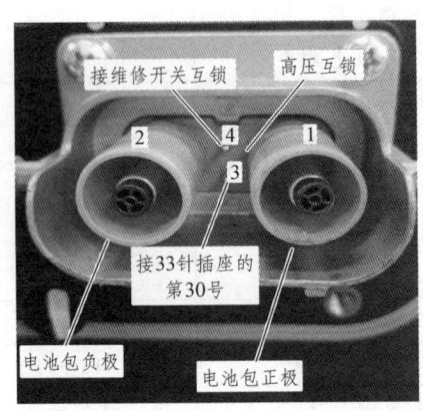

图 2-3-6　高压结构互锁端子

2. 功能互锁

当车辆在进行充电或插上充电枪时，BMC会限制整车不能通过自身驱动系统驱动，以防止可能发生的线束拖拽或安全事故。

高压互锁结构图如图2-3-7所示，其回路发起和终结点在BMC，依次串联BMC、动力电池包、

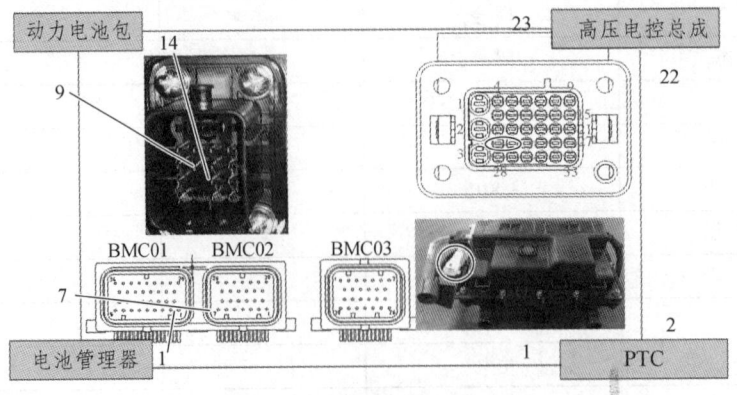

图 2-3-7　高压互锁结构图

高压电控总成和 PTC，图中数字代表控制模块互锁针脚号。BMC 发送一个 PWM 波，经过高压互锁回路又回到 BMC，如果高压线路正常没有断开，则 BMC 检测到自己发出的 PWM 波，判断为高压正常（高压互锁未锁止）；如果任何一处的高压线路连接断开，高压互锁检测线路也随之断开，则 BMC 无法检测到正常的 PWM 信号，判断为高压异常（高压互锁锁止）。

　　BMC 判断高压异常后，将动力电池内的接触器断开，将高压配电箱的母线接触器断开，从而断开动力源的输出。同时，BMC 通过动力网 CAN 通知高压电控总成内的主动泄放器（BPCM）进行泄放，将母线电压快速降至人体安全范围内。

学习任务三 动力电池无高压输出故障检修

专业名称	新能源汽车检测与维修	一体化课程名称	动力电池及充电系统检修
学习任务	动力电池无高压输出故障检修	建议学时	24
工作情景描述	顾客王先生早上驾驶新能源汽车上班，发现OK灯不亮，动力系统故障灯亮，车辆进厂维修，经初步检查，判断为动力电池无高压输出故障。维修人员需要按照维修工单和车间作业流程，遵守高压安全检测规范，排除动力电池无高压输出故障，竣工后检验合格，交付车辆		
学习任务描述	在老师的指导下确认车辆OK灯不亮故障现象，接受任务后学习新能源汽车动力电池包的结构组成及工作原理，认知动力电池包的组成部件，检测动力电池包零部件，排除动力电池无高压输出故障，完成相关工作页的填写；按照维修手册的要求，制定动力电池无高压输出元件认知及OK灯不亮检测方案，完成动力电池包部件认知，排除动力电池无高压输出故障，竣工后检验合格，交付车辆后进行总结、评价		
与其他学习任务的关系	在新能源汽车维护保养、新能源汽车新车检查、新能源汽车电动电子等学习任务中了解新能源汽车基本结构的基础上完成本学习任务。通过本学习任务的学习，为动力电池及充电系统检修的其他学习任务打下基础		
专业基础	学生已经完成了新能源汽车维护、保养的操作知识，对新能源汽车各系统的结构认识有了一定的了解		
学习目标	1. 知识 （1）能通过维修手册及网络资源检索动力电池无高压输出故障检修相关信息。 （2）能描述动力电池包的结构组成及各部件的作用。 （3）能描述新能源汽车动力电池包内部电路连接原理。 （4）能分析动力电池包无高压输出常见故障及可能原因。 （5）能描述动力电池包零部件检测及判定标准。 2. 技能 （1）能实车认知动力电池包的结构部件，并描述零部件的位置和作用。 （2）能识读新能源汽车电路图，绘制动力电池包内部及外部电路图，并展示评价。 （3）能在老师指导下，分析动力电池无高压输出的原因，并制定维修方案。 （4）能按照维修方案，对动力电池包元器件进行检测，并判断性能。 （5）能排除动力电池无高压输出故障，并进行总结评价。 3. 素养 （1）能独立或协作完成故障检修、总结评价等任务。 （2）能遵守工作过程中的8S检验，对职业能力进行展示评价		

续表

学习内容	（1）高压安全防护及8S现场管理规定。 （2）维修手册、电路图册的使用。 （3）动力电池管理系统结构原理与认知。 （4）新能源汽车电路图构成与识图方法。 （5）绘制动力电池包内部电路图。 （6）动力电池无高压输出原因分析与故障排除。 （7）动力电池包元件、线路检测与性能判定。 （8）动力电池无高压输出故障排除与思路总结。 （9）与他人沟通合作，获取信息，对学习与工作进行总结、展示评价
教学条件	维修手册、高压安全操作规程、车间管理制度、8S管理规范制度、绝缘工具套装、新能源汽车专用工位设备器材、绝缘测试仪、诊断仪、测试线、车辆、举升机等
教学组织形式	教学组织形式：小组学习。 （1）情景再现：老师组织学生以小组的形式观察OK灯不亮故障现象，初步检测，明确学习任务。 （2）初步分析：小组利用工作页和相关知识初步诊断并进行元器件认知。 （3）制定方案：学生识读电路图，绘制动力电池包内部电路图，分析动力电池无高压输出故障原因，制定维修方案并展示评价。 （4）实施方案：小组进行动力电池无高压输出故障排除、动力电池包元器件检测，工作过程实行自检、互检和终检三级检验。 （5）评价反馈：小组总结、评价，实行自评、互评、老师点评综合评价
教学流程与活动	教学流程：复习与问答→情景导入→任务资讯→计划与决策→实施与控制→评价反馈。 学习活动 | 学习活动一	动力电池包拆卸与结构认知	6学时
---	---	---
学习活动二	动力电池包电路绘制	6学时
学习活动三	动力电池包检测与安装	6学时
学习活动四	动力电池包无高压输出故障排除	6学时	
评价内容与标准	1．专业能力评价标准 （1）遵守高压安全操作规范，正确选用工量具和检测设备。 （2）查找认知动力电池管理系统结构部件，描述零部件的位置、作用及原理。 （3）绘制动力电池管理系统电路图，分析故障原因，完成鱼骨图。 （4）通过拆装、检测动力电池管理系统零部件参数判断其性能。 （5）按照故障诊断流程排除故障，并总结故障排除思路。 （6）分析并描述动力电池故障灯点亮的故障原因。 （7）工作过程的自检、互检、终检和8S监督，执行安全操作，做好安全防护。 2．社会能力评价标准 （1）收集资料，方案制作能力（PPT制作能力、图案绘制能力）。 （2）展示表达能力和团队协作能力。 （3）观察分析、相互评价、相互肯定与提升的能力。 3．方法能力评价标准 （1）维修手册及电路识图的使用方法。 （2）通过维修手册和网络资源有效获得支撑资料的方法。 （3）通过维修资料和场地资源解决实际问题的能力

学习活动一 动力电池包拆卸与结构认知

一、学习目标

（1）能够在老师指引下，查阅资料，小组合作完成动力电池包拆卸的资讯检索。
（2）能够根据任务要求，制订工作计划，做出决策，并具体实施。
（3）能够查阅教学资源，小组合作完成动力电池包的拆卸，并描述拆卸要点及安全事项。
（4）能够根据工作页指引，小组合作完成动力电池包拆卸的PPT制作，并展示评价。
（5）能够遵守新能源汽车高压安全操作规范，并执行活动过程的8S管理要求。
（6）能够按职业能力要求进行展示评价。

二、学习准备

设备：新能源汽车台架或整车、车辆举升机、动力电池托举机等。
常用工具：绝缘工具车1套，配备常用扳手、套筒、螺丝刀等绝缘工具。
防护套件：绝缘手套、防酸碱手套、绝缘鞋、绝缘垫、护目镜、pH试纸等。
检测工具：数字钳形表、万用表。
资料：网络资源、维修手册、维修工单、高压安全操作规程。
分组：每组5~6人，小组讨论后，由组长按任务要求分配人员。

三、学习内容

动力电池包拆卸与结构认知学习内容，如图3-1-1所示。

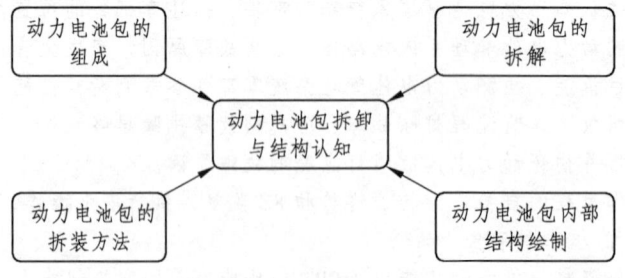

图3-1-1 动力电池包拆卸与结构认知学习内容

四、引导问题

（1）查阅相关资源，分析动力电池包内单体电池的类型及特点，根据不同类型特点，完成单体电池特点表（见表3-1-1）。

表 3-1-1　单体电池特点表

电池实物图	电池类型	单体电压	单体电压工作范围	特　点

（2）查阅相关学习资源，结合不同电池包结构框图（见图 3-1-2、图 3-1-3）分析电池组、电池包、电池单体三者之间的相互关系。

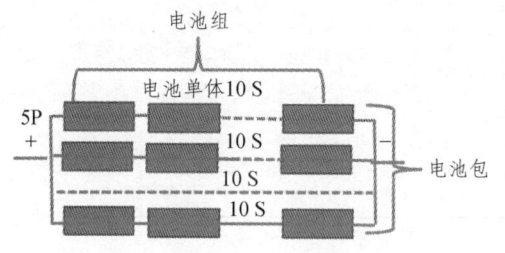

图 3-1-2　电池包结构框图（一）

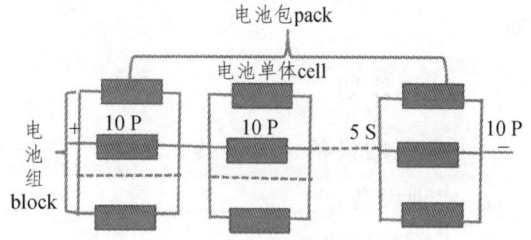

图 3-1-3　电池包结构框图（二）

① 电池单体、电池组、电池包对应的英文名称分别是_____、_____、_____。
② 三者关系：由多个电池_____组成电池组，再由多个_____组成电池包。

（3）查阅学习资源，分析电池连接方式，完成作答。
① 图 3-1-2 所示的电池连接方式为_____，表示_____个电池单体_____联成组，再由_____个电池组_____联，形成电池包，该电池包总电池节数有_____节。
② 若电池类型为磷酸铁锂电池，该电池包 $U_{总} =$ _____，$Q_{总} =$ _____，$W_{总} =$ _____。
③ 图 3-1-3 所示的电池连接方式为_____，表示_____个电池单体_____联成组，再由_____个电池组_____联，形成电池包，该电池包总电池节数有_____节。
④ 若电池类型为磷酸铁锂电池，该电池包 $U_{总} =$ _____，$Q_{总} =$ _____，$W_{总} =$ _____。

（4）动力电池的总能量用 kW·h 表示，对续航里程有决定性影响。对于单体电池为 3.3 V、220 A·h，100 节串联的动力电池包总成，其总电压为_____，总电流为_____，总能量为_____ kW·h，若工业电费为 0.8 元/(kW·h)，充电人工费为 0.5 元/(kW·h)，则整车充满电需要支出_____元。
① 总能量计算过程及结果：_____。
② 充电支出计算过程及结果：_____。

（5）识别锂电池蓄电池组铭牌（见图 3-1-4），根据图中显示，计算续航里程。
① 该车型总能量为_____，若充电电费加人工费为 1.2 元/(kW·h)，则充电费用为_____。
② 若该车电耗为 13 kW·h/100 km，SOC100% 状态下续航里程为_____。

图 3-1-4 锂电池蓄电池组铭牌

五、计划与决策

根据任务要求，确定需要的设备、工量具、耗材，对小组成员进行分工，制订详细的流程和计划。

1. 制订计划

（1）需要的设备、工量具、耗材。

① 实训设备：_____。

② 安全保护设备：_____。

③ 耗材：_____。

（2）小组成员分工，如表 3-1-2 所示。

表 3-1-2 任务计划表

序号	项 目	组 员	时间段
1	高压元件中英文查找（例）	×××	9:30—10:00
2			
3			
4			
5			
6			
7			
8			

提示：高压维修，需要维修技师+监护人。

2. 做出决策

列出具体操作/检测步骤，如表 3-1-3 所示。

表 3-1-3 任务决策表

序号	检测项目	工具/设备	注意事项
1			
2			
3			
4			
5			
6			
7			
8			

六、实施与控制

（1）动力电池包的拆卸。

① 查阅维修手册及相关资源，参照拆装操作安全图（见图 3-1-5），列举动力电池包实车拆卸的注意事项。

a. _____
b. _____
c. _____
d. _____

图 3-1-5 拆装操作安全图

② 查阅维修手册，补充完成动力电池的拆装步骤表（见表 3-1-4）。

（2）参照动力电池包实物，认知动力电池包整体结构组成，在图 3-1-6 所示的方框处填写零部件名称。

表 3-1-4 动力电池拆装步骤表

步骤	内容
1	
2	用举升机将整车升至合适的高度。
3	使用专用举升设备托着电池包。
4	
5	
6	
7	佩戴绝缘手套,用万用表测试更新的动力电池包是否有电压输出,没有电压输出需更换装车。
8	佩戴绝缘手套,将新的动力电池包放到电池包举升设备上。
9	
10	佩戴绝缘手套,连接动力电池包直流母线接插件,然后连接好电池信息采样通信线接插件。
11	上电,检测动力电池系统问题是否解决,若无问题,结束。

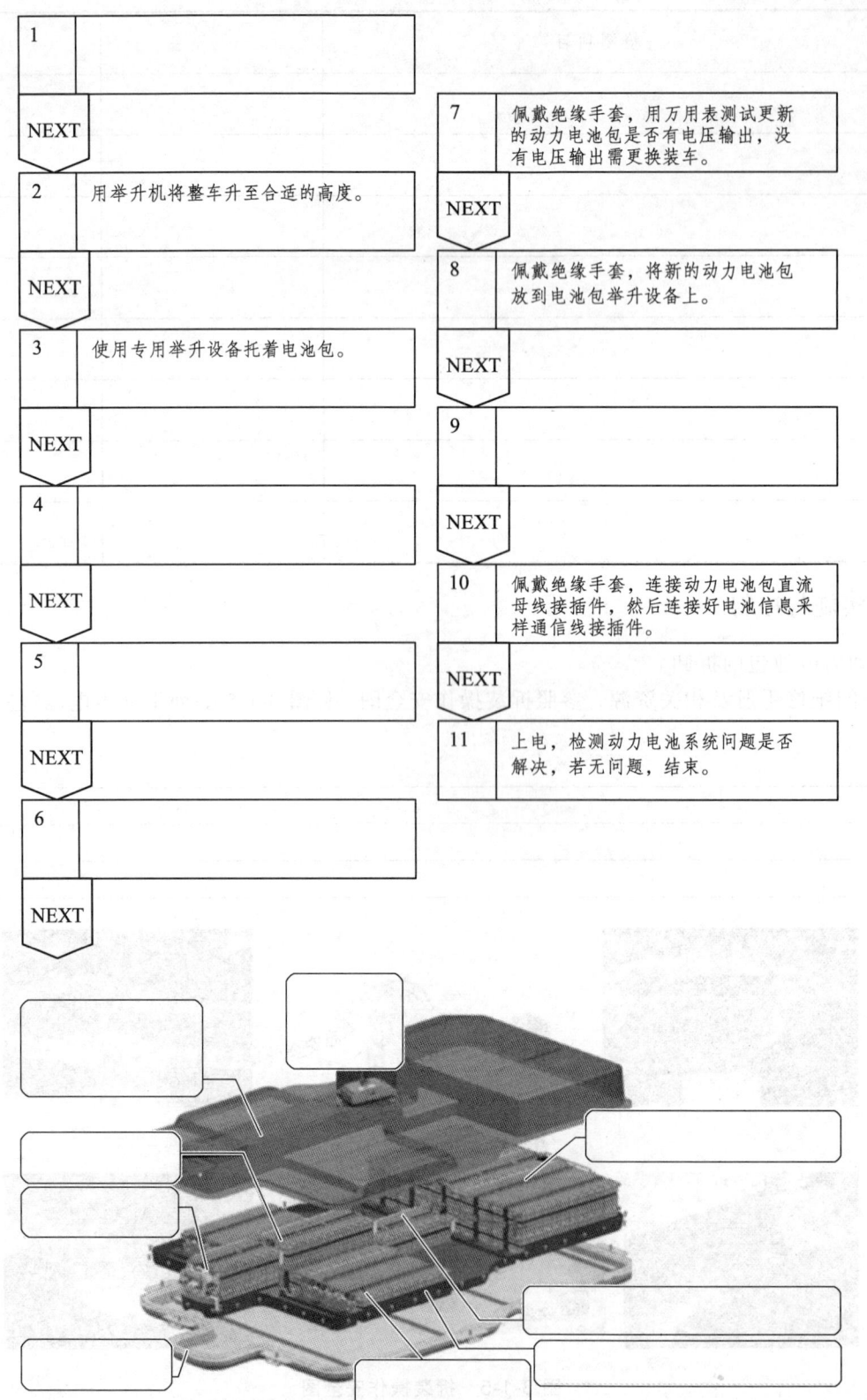

图 3-1-6 动力电池包结构图

（3）参照维修手册或相关资源，拆解动力电池包总成，认知内部结构。

① 在图 3-1-7 所示的方框处填写零部件名称。

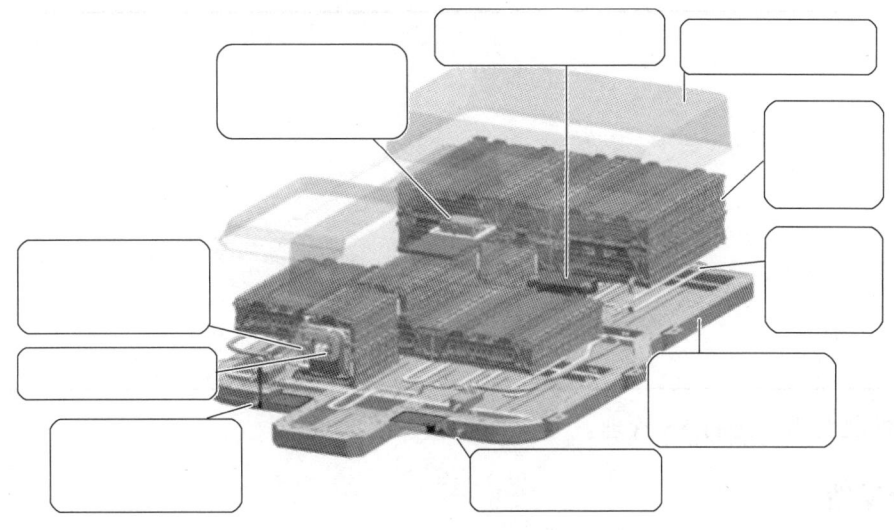

图 3-1-7 动力电池包内部结构图

② 在动力电池包实物图（一）（见图 3-1-8）方框中填写对应零部件的名称。

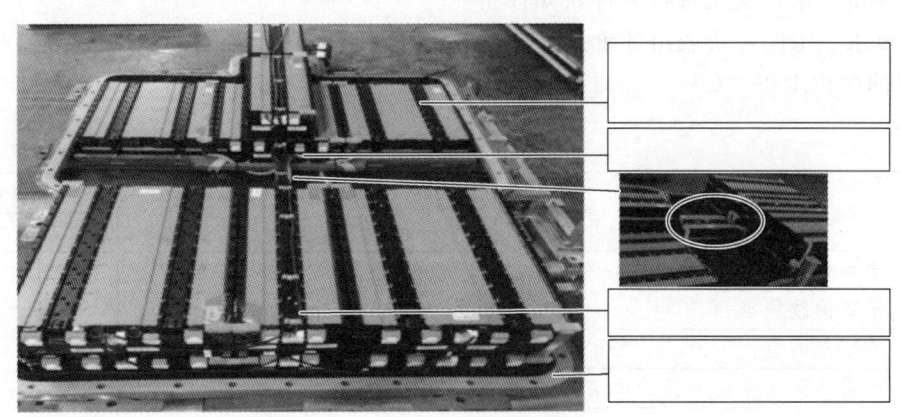

图 3-1-8 动力电池包实物图（一）

③ 在动力电池包实训图（二）（见图 3-1-9）方框中填写零部件的名称。

图 3-1-9 动力电池包实物图（二）

（4）绘制动力电池包内部各模组之间的连接图，标注模组名称，并展示评价。

（5）场地恢复与现场进行8S管理。

七、评价反馈

组员进行自我评价、相互评价，完成学习评价表（见表3-1-5）的相应内容。

组间评价说明：

（1）操作评价。组员交叉进行元件认知评价。

（2）评价要求。组间评价表由评价人给予对应评价等级：单行全对的得"A"，错两个（含）以下得"B"，错两个以上得"C"。

表3-1-5 学习评价表

项 目	评价内容			评价等级		
				A	B	C
自我评价	学到的知识点：					
	学到的技能点：					
	不理解的有：					
	还需要深化学习并提升的有：					
组内评价	○按时到场　　　　○工装齐备　　　　○书、本、笔齐全					
	○安全操作　　　　○责任心强　　　　○8S管理规范					
	○学习积极主动　　○合理使用教学资源　○主动帮助他人					
	○接受工作分配　　○有效沟通　　　　○高效完成工作任务					
	名称	位置	作用			
	维修开关					
	高压输出接口					
	进水口					
	出水口					
	液冷管路					
	1号分压接触器					
	负极接触器					
	3号模组					
小组评语及建议	他（她）做到了： 他（她）的不足： 给他（她）的建议：			组长签名： 　　年　　月　　日		
老师评语及建议				评价等级： 老师签名： 　　年　　月　　日		

八、学习资料

(一) 动力电池的结构

电池包一般是由若干组动力电池模块或单体电池组成的。一个动力电池模块则是由若干个单体电池组成。电池装载在一个有电子和热控制的箱体中,该箱体内还有整个动力电池系统与车辆其他组成部分的接口设施以及动力电池管理系统。每个模块也有其适当的包装、热控制和机械或电子设备。这个装载有动力电池、热控制和电子设备以及其他部件的箱体就是我们通常所说的动力电池包,简称电池包。

动力电池包总体结构一般由单体电池、动力电池模组、铜排线、电池信息采集器(BIC)、电池采样线、托盘、防火隔热棉、密封盖、高低接插件(维修开关)、配电箱(总正、总负接触器)、冷却管道等组成,如图3-1-10所示。

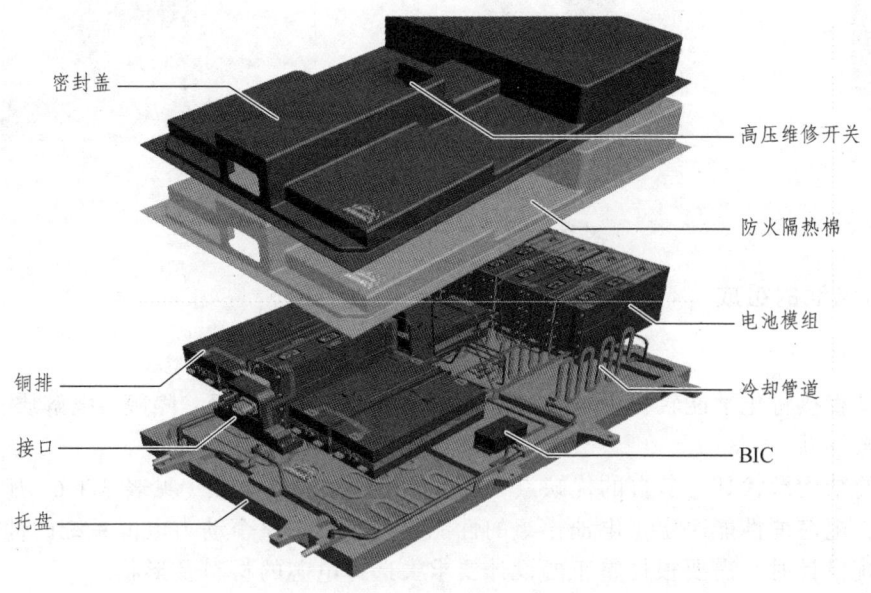

图 3-1-10 动力电池整体结构

(二) 动力电池的分类

动力电池按其原材料可分为铅酸蓄电池、镍氢蓄电池、锂蓄电池、燃料电池、石墨烯电池、超级电容器等。其中,锂离子电池的常见类型:按照正极材料进行分类有钴酸锂、锰酸锂、镍酸锂、磷酸铁锂、三元锂[镍钴锰酸锂 Li(NiCoMn)O_2];按照电解质分类则有液态锂离子电池(Liquified Lithium-lon Battery,LIB)、聚合物锂离子电池(Polymer Lithium-lon Battery,PLB)。

其性能对比如下:

(1) 能量密度:三元锂 > 钴酸锂 > 磷酸铁锂 > 锰酸锂。

(2) 价格优势:三元锂 > 钴酸锂 > 锰酸锂 > 磷酸铁锂。

(3) 安全性:磷酸铁锂 > 锰酸锂 > 三元锂 > 钴酸锂。

(4) 循环寿命:磷酸铁锂 > 三元锂 > 锰酸锂 > 钴酸锂。

动力电池按其单体电池结构形式可分为方形结构、圆柱形结构、软包结构等(见图3-1-11)。

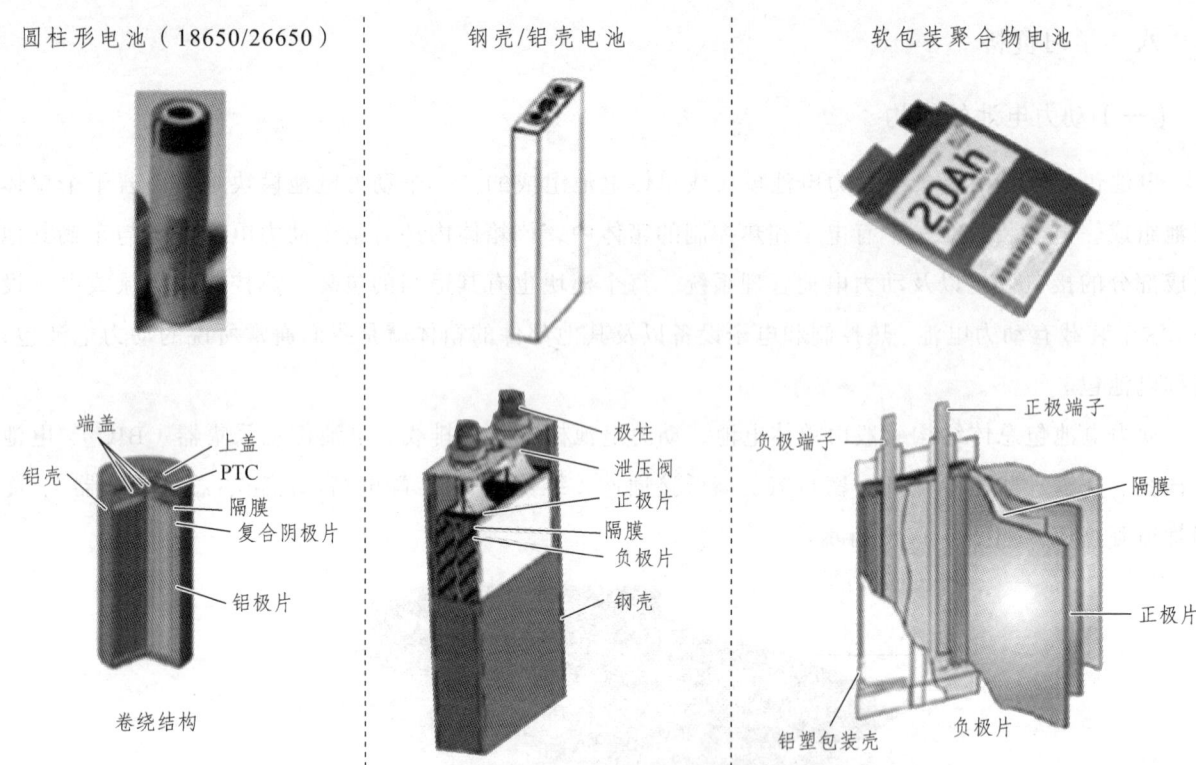

图 3-1-11 电芯结构形状分类

（三）动力电池的组成

1. 单体电池

单体电池是直接将化学能转化为电能的基本单元装置，包括电极、隔膜、电解质、外壳和端子，并设计成可充电形式。

单体电芯的结构形状具有各自的优缺点，如单体电池结构特点表（见表 3-1-6）所列。可以看出在一定程度上，电芯的性能决定了电池模组的性能，进而影响整个动力电池系统的性能。因此在进行动力电池系统设计时，需要根据整车的设计要求去选择电芯的材料及形状。

表 3-1-6 单体电池结构特点表

特点	圆柱结构	方形结构	软包结构
优点	工艺成熟度高，生产效率高，过程控制严格，成品率及电芯一致性高，壳体结构成熟，工艺制造成本低	对电芯的保护作用高，可以通过减少单体电池的厚度保证内部热量的快速传导，电芯的安全性有较大的改善	外部结构对电芯的影响小，电芯性能优良；封装采用的材质质量小，电池的能量密度高
缺点	集流体上电流密度分布不均匀，造成内部各部分反应程度不一致；电芯内部产生的热量很难得到快速释放，累积会造成电池的安全隐患	壳体在电芯总重中所占的比例较大，导致单体电池的能量密度较低，内部结构复杂，自动化工艺成熟度相对较低	大容量电池密封工艺难度增加，可靠性相对较差；所采用的铝塑复合封装膜机械强度低，铝塑复合膜的寿命制约了电池的使用寿命

2. 电池模组

电池模组将一个以上单体电池按照串联、并联或串并联方式组合，且只有一对正负极输出端子，并作为电源使用的组合体，如图 3-1-12 所示。

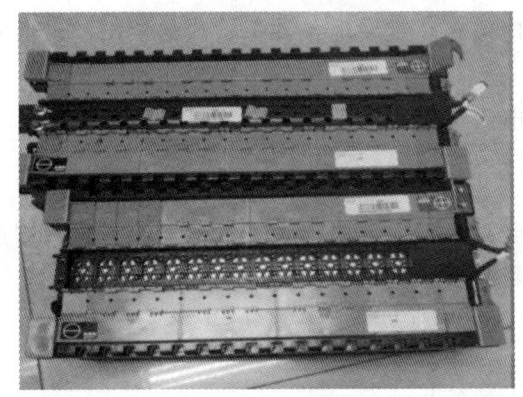 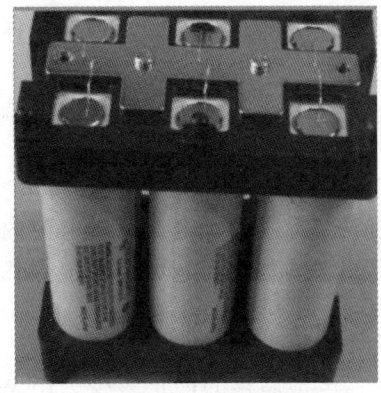

图 3-1-12 不同结构类型的电池模组

要通过电动汽车的动力需求以及各种高压机器配件等所需的消耗电力、时间以及使用温度来确定电池系统的容量。然后在进行电池模组设计时要考虑动力电池的特性。因为动力电池在不同温度下输出/输入会发生变化。容量、输出性能会随使用时间逐渐退化。电池的性能与选择一旦出现设计错误，将不能满足低温时的加速性能和爬坡性能，并且当电池老化时还会给系统性能造成影响。电池模组由多个动力电芯串并联组合而成，包括单体电芯、固定框架、电连接装置、温度传感器、电压检测线路等。

（四）动力电池的性能指标

动力电池作为汽车的动力源，在汽车上发挥着重要作用，评价电池性能主要看性能指标，其性能指标有电压、容量、内阻、能量、功率、输出效率、自放电率、循环寿命等。

1. 电压（V）

开路电压：电池在没有连接外电路或者外负载时的电压。开路电压与电池的剩余能量有一定的联系，电量显示就是利用这个原理。

额定电压：电池在标准条件下工作时达到的电压。

工作电压：电池在工作状态下即电路中有电流流过时电池正负极之间的电势差，又称负载电压。在电池放电工作状态下，当电流流过电池内部时，必须克服内阻的阻力，故工作电压总是低于开路电压。

放电电压：电池接通负载后在放电过程中显示的电压。

放电终止电压：电池充满后进行放电，放完电时达到的电压（若继续放电，则为过度放电，对电池寿命和性能有损伤）。

充电限制电压：充电过程中由恒流变为恒压充电的电压。

2. 容量（A·h）

容量：单位体积或质量电池所能给出的理论容量，是指电池所能储存的电量多少。容量是电池电性能的重要指标，它由电极的活性物质决定。容量用 C 表示，单位用 A·h（安时）或者 mA·h（毫安时）表示。

实际容量：电池在一定条件下输出能力。容量越大，车轮续航里程越大，实际容量大于额定容量为合格电池。电池的实际容量主要取决于活性物质的数量、质量，以及活性物质的利用率。

标称容量：用来鉴别电池的近似容量值。

额定容量：按国家和有关部门标准，保证电流在一定发电条件下，应该放出的最低限度容量，一般是由制造商给定的电池容量。

荷电状态：在电池一定放电倍率下，剩余电流与相同条件下额定容量的比值。

3. 内阻（mΩ）

内阻：电池在工作时，电流流过电池内部受到的阻力。内阻大小受电池的材料、制造工艺、电池结构等因素的影响。阻力越大，电池工作内耗越大，电池效率越低。

4. 电池能量（W·h）

电池能量：电池储存的能量多少，用 W·h 来表示。

公式：能量（W·h）=额定电压（V）×工作电流（A）×工作时间（h）。

例如，3.2 V、15 A·h 单体电芯的能量为 48 W·h；394.2 V、130 A·h 电池组的能量是 51.2 kW·h。

理论能量：电池的理论容量与额定电压的乘积。

实际能量：电池实际容量与平均工作电压的乘积。

比能量：电池单位质量所能输出的电能。

5. 能量密度（W·h/kg）

能量密度：单位体积或单位质量所释放的能量，通常用体积能量密度（W·h/L）或质量能量密度（W·h/kg）表示。

例如，一节锂电池重 325 g，额定电压为 3.7 V，容量为 10 A·h，则其能量密度为 113 W·h/kg。能量密度的高低是由材料密度与结构决定的。目前，锂电池的能量密度是镍镉和镍氢电池的 3 倍和 1.5 倍。

6. 功率与功率密度

功率：电池在一定放电制动下，单位时间内电池输出的能量，单位为 W 或 kW。

功率密度：又称比功率，是单位质量或单位体积电池输出的功率，单位为 W/kg 或 W/L。比功率是评价电池及电池包是否满足电动汽车加速和爬坡能力的重要指标。

7. 充、放电深度（SOC、DOD）

充、放电深度是电池保有容量数值的表示方法。

荷电状态（State of Charge，SOC）：电池放电后剩余容量与全荷电容量的百分比。

放电深度（Depth of Discharge，DOD）：表示电池放电状态的参数，等于实际放电容量与额定容量的百分比。

深度放电（Deep Discharge）：表示电池 50% 或更大的容量被释放的程度。

$$DOD = 100\% - SOC$$

例如，充、放电深度以百分比率来表示，容量为 10 A·h 的电池放电后容量变为 2 A·h，可以称为 80%DOD；容量为 10 A·h 的电池，充电后容量为 8 A·h，即 SOC 为 80%，如满充满放，通常称为 100%SOC/DOD。

8. 自放电率（%/月或%/年）

自放电率：电池在储存过程中，容量会逐渐下降，其减少的容量的比例，称为自放电率，用单位时间（月或年）内电池容量下降的百分数来表示。

9. 输出效率

动力电池作为储能器，充电时电能转化为化学能储存起来，放电时电能释放出来，在可逆的化学过程中，有能量消耗。

10. 循环寿命（次）

循环寿命：二次电池经历一次充放电称为一个周期或一次循环，电池在反复充放电后，容量会逐渐下降，在一定的放电条件下，电池容量降至 80% 时，电池所经受的循环次数就是循环寿命。

影响因素：不正确使用电池、电池材料、电解质的组成和浓度、充放电倍率、放电深度（DOD%）、温度、制造工艺等都对电池的循环寿命有影响。

学习活动二 动力电池包电路绘制

一、学习目标

(1) 能够在老师指引下,查阅资料,小组合作完成动力电池包绘制的资讯检索。
(2) 能够根据任务要求,制订工作计划,做出决策,并具体实施。
(3) 能够查阅教学资源,小组合作完成动力电池包内部结构元件认知,并描述各零部件的原理和作用。
(4) 能够根据工作页指引,小组合作完成动力电池包内部电路图,并展示评价。
(5) 能够遵守新能源汽车高压安全操作规范,并执行活动过程的8S管理要求。
(6) 能够按职业能力要求进行展示评价。

二、学习准备

设备:新能源汽车台架或整车、车辆举升机、动力电池托举机等。
常用工具:绝缘工具车1套,配备常用扳手、套筒、螺丝刀等绝缘工具。
防护套件:绝缘手套、防酸碱手套、绝缘鞋、绝缘垫、护目镜、pH试纸等。
检测工具:数字钳形表、万用表。
资料:网络资源、维修手册、维修工单、高压安全操作规程。
分组:每组5~6人,小组讨论后,由组长按任务要求分配人员。

三、学习内容

动力电池包电路绘制学习内容如图3-2-1所示。

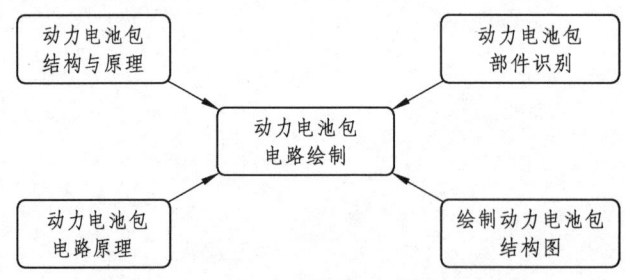

图3-2-1 动力电池包电路绘制学习内容

四、引导问题

(1) 查阅维修手册或相关资源,请在动力电池结构图(见图3-2-2)方框中填写对应动力电池模组零部件的名称。
(2) 查阅维修资源,查找分布式电池管理系统(BMS)的电池管理器(BMC)、信息采集器(BIC)和其他传感器,并完成作答。
① 电池信息采集器(BIC)主要对各单体电池进行_____和_____的采集,再把采集到的数据通过_____的方式发送到_____,以便BMS的监控与管理。

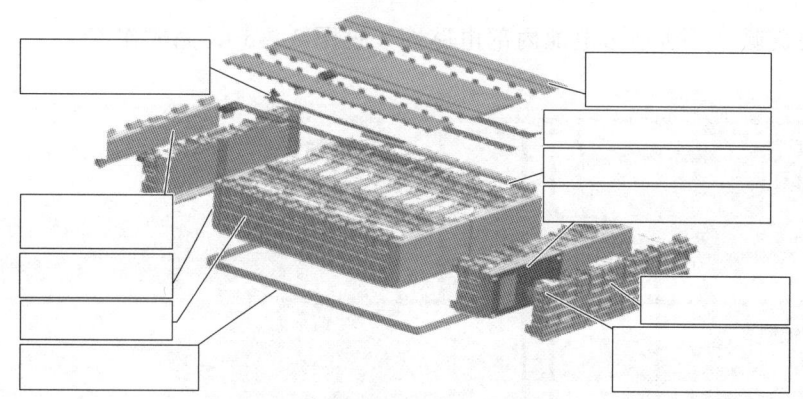

图 3-2-2 动力电池模组结构

② 电池采样线主要由_____采集线和_____采集线组成，把采集到的温度和电压通过采集线输送回_____BIC。

③ 在图 3-2-3 所示的 BIC 模块方框中填写有关 BIC 接插件名称及相关信息。

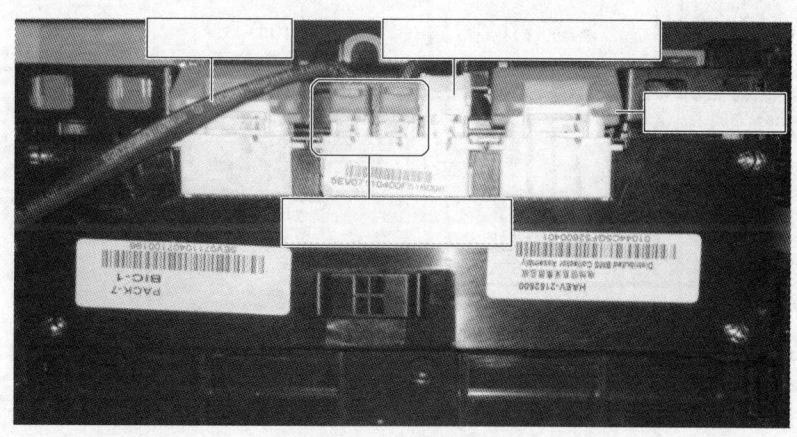

图 3-2-3　BIC 模块

（3）分析动力电池模组图（见图 3-2-4），完成作答。

① 该电池模组电压共有_____个单体，_____条电压采集线，_____条温度采集线，_____个温度传感器。

② 若该电池组为三元锂电池，单体电压为_____，电池组电压为_____。

③ 温度传感器为_____温度系数传感器，随着温度升高，电阻值_____。

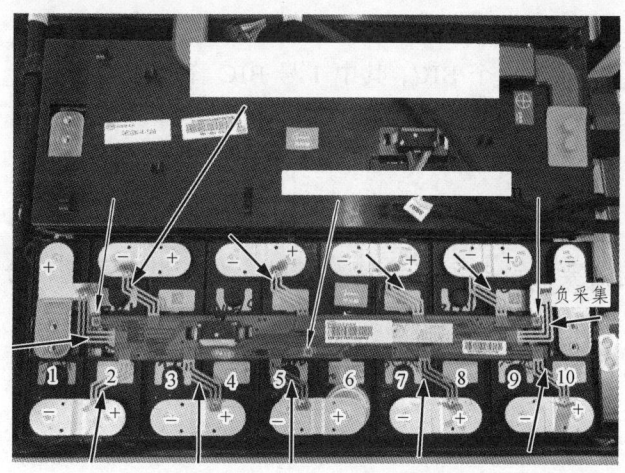

图 3-2-4　动力电池模组

85

（4）查阅相关资源，分析动力电池内部电路图（见图3-2-5），完成作答。

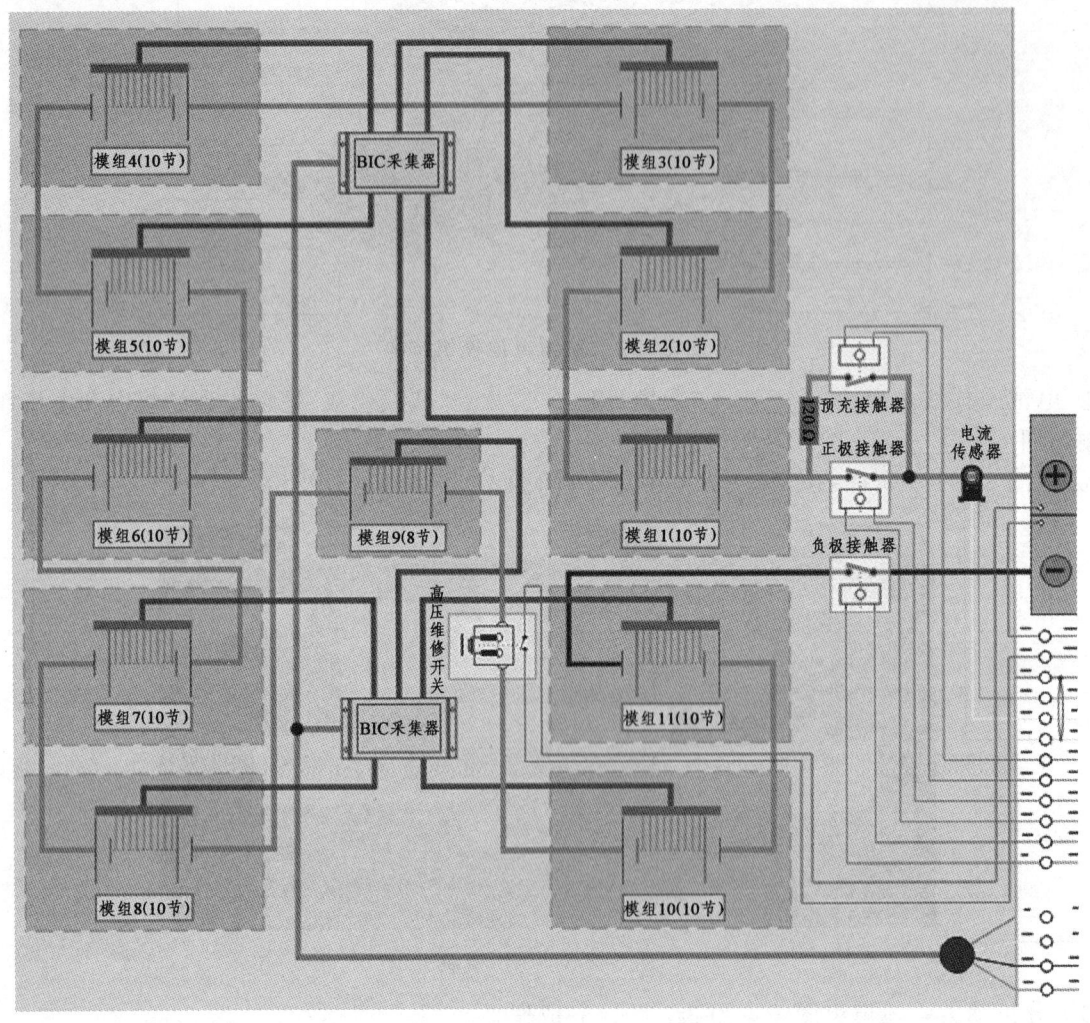

图 3-2-5 动力电池内部电路图

① 该电池包共有_____个电池组，_____个电池单体，若为三元锂电池，单体容量为 120 A·h，总电压为_____，总容量为_____，总能量为_____，若充电费用为 1.2 元/kW·h，SOC 从 0% ~ 100% 充电需花费_____。

② 该电池包共有_____个 BIC，其中 1 号 BIC 管理_____号模组，2 号 BIC 管理_____号模组。

五、计划与决策

根据任务要求，确定需要的设备、工量具、耗材，对小组成员进行分工，制订详细的流程和计划。

1. 制订计划

（1）需要的设备、工量具、耗材。

① 实训设备：_____。

② 安全保护设备：_____。
③ 耗材：_____。

（2）小组成员分工，如表 3-2-1 所示。

表 3-2-1　任务计划表

序号	项　目	组　员	时间段
1	高压元件中英文查找（例）	×××	9:30—10:00
2			
3			
4			
5			
6			
7			
8			

提示：高压维修，需要维修技师+监护人。

2．做出决策

列出具体操作/检测步骤，如表 3-2-2 所示。

表 3-2-2　任务决策表

序号	检测项目	工具/设备	注意事项
1			
2			
3			
4			
5			
6			
7			
8			

六、实施与控制

（1）查阅维修手册或教学资源，识别动力电池包零部件，完成作答。

① 识别图 3-2-6 中各零部件的名称，完成零部件识别（见表 3-2-3）。

表 3-2-3　零部件识别表

序号	零部件名称	序号	零部件名称
1		5	
2		6	
3		7	
4		8	

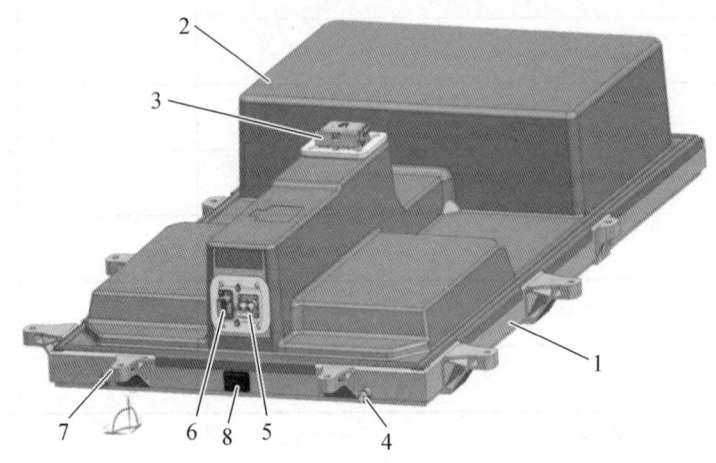

图 3-2-6　动力电池包外围结构图

② 识别动力电池包内部部件，结合实物及动力电池包内部结构图（见图 3-2-7）在方框内填写零部件名称。

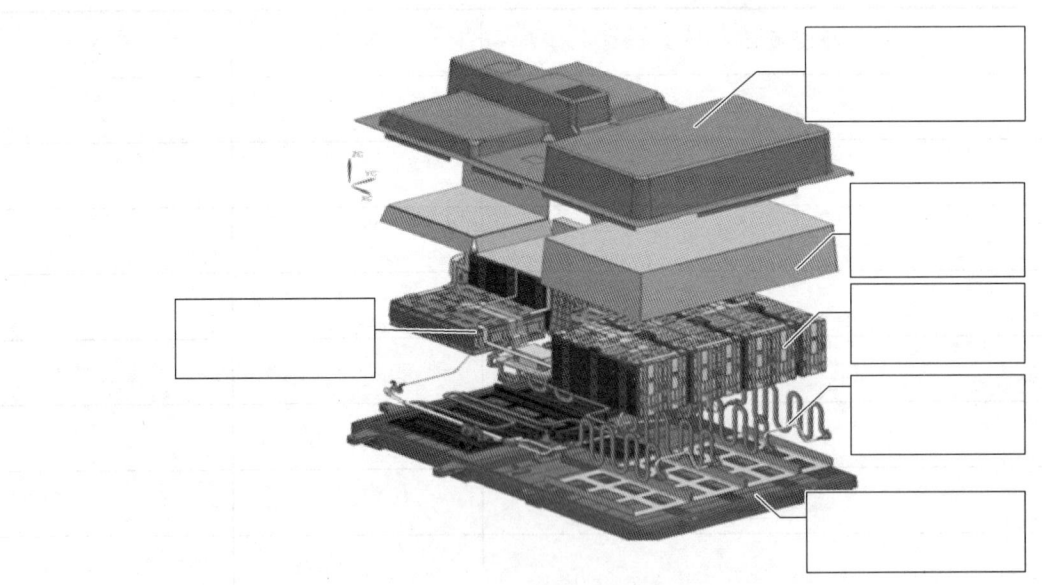

图 3-2-7　动力电池包内部结构图

（2）万用表检测各模组电压。

① 列举高压维修安全操作步骤。

查阅维修手册及相关资源，参考高压维修安全图（见图 3-2-8），列举新能源汽车高压维修操作注意事项：

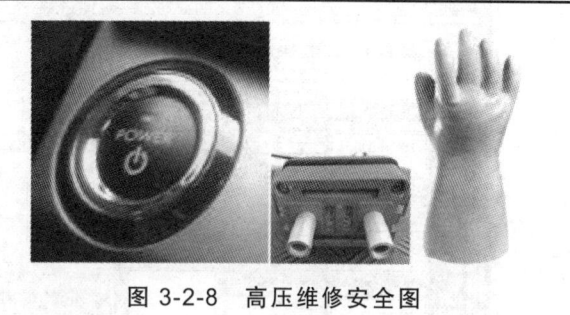

图 3-2-8　高压维修安全图

② 使用万用表检测各模组电压，完成电池模组电压检测表（见表 3-2-4）。

表 3-2-4　电池模组电压检测表

模组号	电压	模组号	电压	模组号	电压	模组号	电压
1 号		5 号		8 号		11 号	
2 号		6 号		9 号		12 号	
3 号		7 号		10 号		13 号	
4 号							

（3）识别电池包内部结构，在动力电池包内部实物图（见图 3-2-9）方框中标注零部件名称。

图 3-2-9　动力电池包内部实物图

（4）分析动力电池包内部原理，对照实物，在动力电池包内部结构示意图（见图 3-2-10）方框中填写对应的零部件名称。

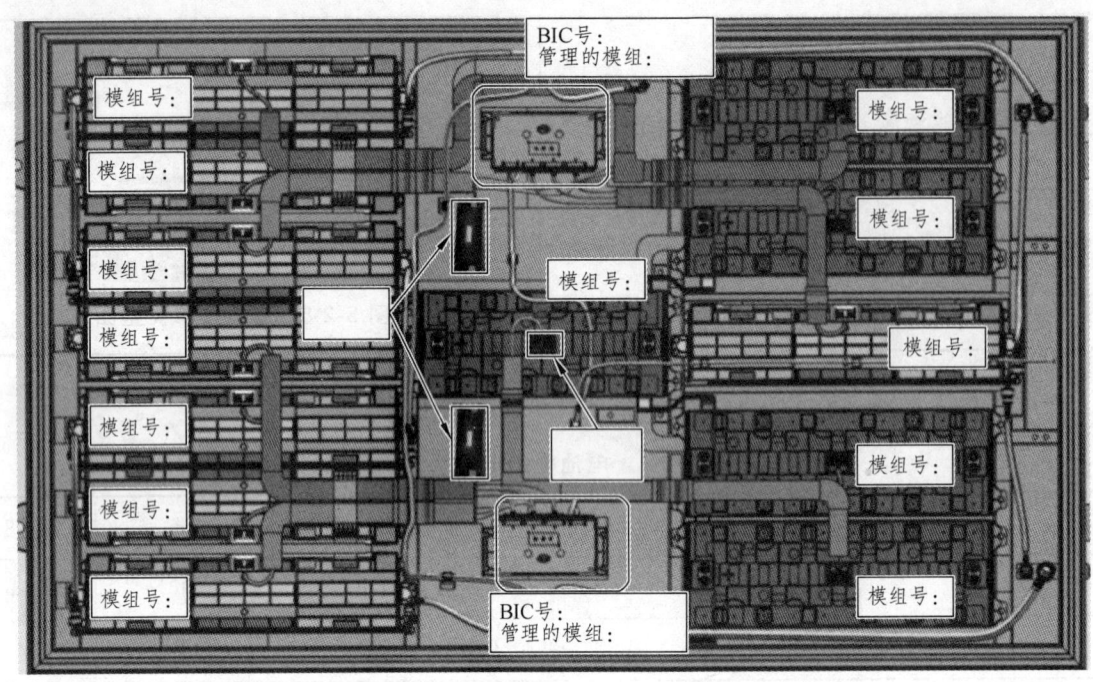

图 3-2-10 动力电池包内部结构示意图

（5）参考教学资源，绘制动力电池包 BIC 通信连接电路图，包含各模组与 BIC、BIC 与通信转换盒之间的线路连接，并展示评价。

（6）场地恢复与现场进行 8S 管理。

七、评价反馈

组员进行自我评价、相互评价，完成学习评价表（见表 3-2-5）的相应内容。
组间评价说明：
（1）操作评价。组员交叉进行元件认知评价。

（2）评价要求。组间评价表由评价人给予对应评价等级：单行全对的得"A"，错两个（含）以下得"B"，错两个以上得"C"。

表 3-2-5　学习评价表

项　目	评价内容			评价等级		
				A	B	C
自我评价	学到的知识点：					
	学到的技能点：					
	不理解的有：					
	还需要深化学习并提升的有：					
组内评价	○按时到场　　　　○工装齐备　　　　○书、本、笔齐全					
	○安全操作　　　　○责任心强　　　　○8S管理规范					
	○学习积极主动　　○合理使用教学资源　○主动帮助他人					
	○接受工作分配　　○有效沟通　　　　○高效完成工作任务					
	BIC编号		管理的模组			
	1					
	2					
	3					
	4					
	5					
	6					
小组评语及建议	他（她）做到了： 他（她）的不足： 给他（她）的建议：			组长签名： 　　年　　月　　日		
老师评语及建议				评价等级： 老师签名： 　　年　　月　　日		

八、学习资料

分布式电池管理系统由电池管理控制器（BMC）、电池信息采集器（BIC）、电池采样线等组成。电池管理控制器的主要功能有充放电管理、接触器控制、功率控制、电池异常状态报警和保护、SOC/SOH 计算、自检以及通信功能等；电池信息采集器（BIC）的主要功能有电池电压采样、温度采样、电池均衡、采样线异常检测等；动力电池采样线的主要功能是采集电池的电压信息、温度信息，将采集到的单体电池和电池信息采集器传输给 BIC。

（一）动力电池包组成

以图 3-2-5 所示的动力电池包内部电池结构为例，该车内部由多个电池模组组成，配备 2 个信息采集器（BIC）对动力电池进行信息采集，其内部动力电池模组排列如图 3-2-5 所示。

该电池包由 11 个模组组成，其中 1~8 号模组和 10、11 号模组都是由 10 个单体串联组成的，只有 9 号模组是由 8 个单体串联组成的，11 号模组的负极作为整个电池包总负输出（连接总负极接触器输入端），1 号模组的正极作为整个电池包总正输出（连接总正极接触器输入端）。故该电池包一共有 108 个单体，其中单体的顺序是从 11 号模组开始的，也就是第 1~10 号单体在 11 号模组里面，第 11~20 号单体在 10 号模组里面，第 21~28 号单体在 9 号模组里面（9 号模组只有 8 个单体电池），以此类推到 1 号模组的单体就是第 99~108 号单体。该电池包额定总电压为 392.4 V，实际总电压可达 420 V（电量比较足的情况）。

（二）动力电池模组结构

动力电池模组（见图 3-2-11）一共由 10 个单体串联组成，电池模组上铺设电池采样线。电池采样线主要由温度采集线和电压采集线组成，把采集到的温度和电压通过采集线输送回电池采集器。一共有 11 条电压采集线（粗线箭头为电压采集，10 条正极采集线和 1 条负极采集线），3 个温度采集线（3 个细线箭头处为温度传感器）。其单体电池额定电压为 3.65 V，模组额定电压为 36.5 V；实际单体电压可达 3.95 V，模组电压为 39.45 V（电量比较足的情况）。

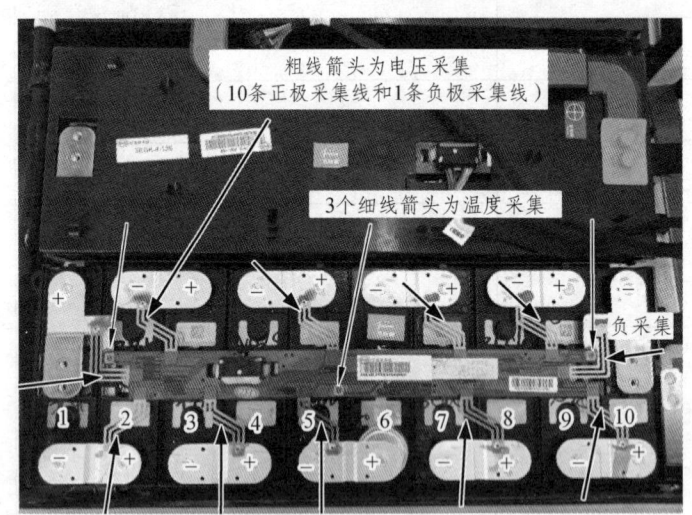

图 3-2-11　动力电池模组结构

（三）电池信息采集器

电池信息采集器（BIC）（见图 3-2-12）主要对各单体电池进行电压和温度的采集，再把采集到的数据通过 CAN 网络的方式发送到电池管理器（BMS），以便 BMS 进行监控与管理。

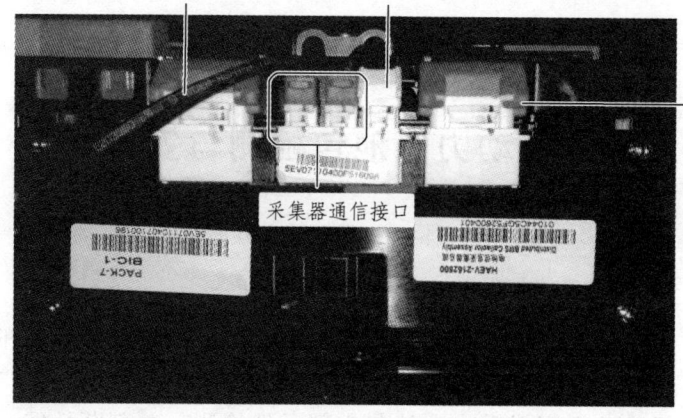

图 3-2-12　电池信息采集器（BIC）

1. 电压采集的作用

为保证电动汽车正常和安全行驶，电池管理系统必须实时监测电动汽车电池的电压数据，一般是通过电压采集电路实现电压数据的获取。由于水桶效应的存在，串联电池组的整体性能取决于电池组中性能最差的单体电池，为了能够对串联电池组的能量使用进行有效管理，需要实时监视电池组中的单体电池状态。

单体电压的测量，对电池管理系统有如下意义：一是可以用来累计获得整个电池组的电压；二是可以根据单体电压压差来判断单体差异性；三是可以用来检测单体的运行状态。

2. 温度采集的作用

动力电池对其工作温度是极其敏感的，过高的温度将会导致电池外壳破裂，发生漏液、爆炸等安全事故；过低的温度将导致电解液凝固，使得充电或放电无法进行。在电池管理系统中，除了针对电池本身进行温度监测外，还应对环境温度、电池箱的温度等进行监测，这对电池的剩余容量的评估、安全保护等方面具有非常重要的意义。

温度的采集是通过在电池包中安装的传感器来检测电池包特定位置的温度，判断动力电池的工作状态与其内部温度及工作环境温度，防止电动汽车电池组因温度过高而引发安全事故。

学习活动三　动力电池包检测与安装

一、学习目标

（1）能够在老师指引下，查阅资料，小组合作完成动力电池包检测与安装的资讯检索。
（2）能够根据任务要求，制订工作计划，做出决策，并具体实施。
（3）能够查阅教学资源，组员独立完成动力电池包内部元件检测，并判断性能。
（4）能够根据工作页指引，组员独立完成动力电池包零部件检测，并展示评价。
（5）能够遵守新能源汽车高压安全操作规范，并执行活动过程的 8S 管理要求。
（6）能够按职业能力要求进行展示评价。

二、学习准备

设备：新能源汽车台架或整车、车辆举升机、动力电池托举机等。
常用工具：绝缘工具车 1 套，配备常用扳手、套筒、螺丝刀等绝缘工具。
防护套件：绝缘手套、防酸碱手套、绝缘鞋、绝缘垫、护目镜、pH 试纸等。
检测工具：数字钳形表、万用表。
资料：网络资源、维修手册、维修工单、高压安全操作规程。
分组：每组 5~6 人，小组讨论后，由组长按任务要求分配人员。

三、学习内容

动力电池包检测与安装学习内容如图 3-3-1 所示。

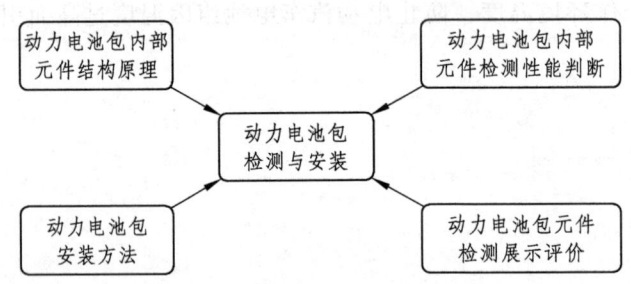

图 3-3-1　动力电池包检测与安装学习内容

四、引导问题

（1）查阅学习资源，查找电池包内的接触器类型与功能，完成作答。
① 实车电池包共有_____个正极接触器，_____个负极接触器，_____个分压接触器，分压接触器分别位于_____和_____。
② 分压器有两种布置：内置和外置两种，外置式分压器位于_____，内置式分压器位于_____。
（2）识别表 3-3-1 中的分压器，填写分压器布置类型或特点。

表 3-3-1 分压器类型及特点

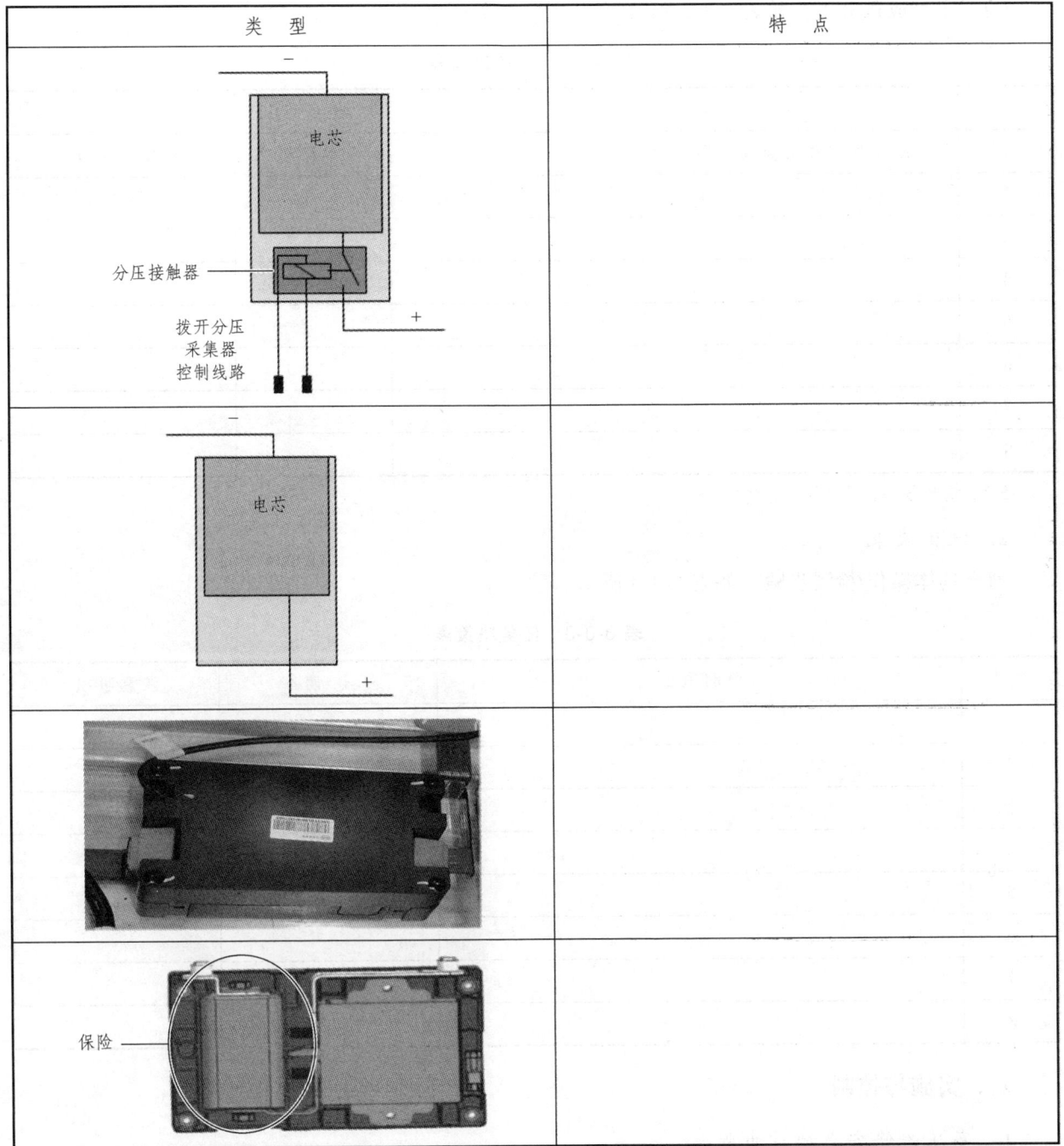

五、计划与决策

根据任务要求，确定需要的设备、工量具、耗材，对小组成员进行分工，制订详细的流程和计划。

1. 制订计划

（1）需要的设备、工量具、耗材。

① 实训设备：_____。

② 安全保护设备：_____。

③ 耗材：_____。

（2）小组成员分工，如表 3-3-2 所示。

表 3-3-2 任务计划表

序号	项 目	组 员	时间段
1	高压元件中英文查找（例）	×××	9:30—10:00
2			
3			
4			
5			
6			
7			
8			

提示：高压维修，需要维修技师+监护人。

2. 做出决策

列出具体操作/检测步骤，如表 3-3-3 所示。

表 3-3-3 任务决策表

序号	检测项目	工具/设备	注意事项
1			
2			
3			
4			
5			
6			
7			
8			

六、实施与控制

1. 高压维修安全操作步骤

查阅维修手册及相关资源，参考高压维修安全图（见图 3-3-2），列举新能源汽车高压维修操作注意事项：

图 3-3-2 高压维修安全图

2. 动力电池包电路分析

（1）查阅电路图册，绘制动力电池包与电池管理器之间的连接电路，标注元件名称、端子号、导线颜色等。

（2）根据电路图册，在线束接法和信号类型图（见图3-3-3）中将线束接法和信号类型填写完整。

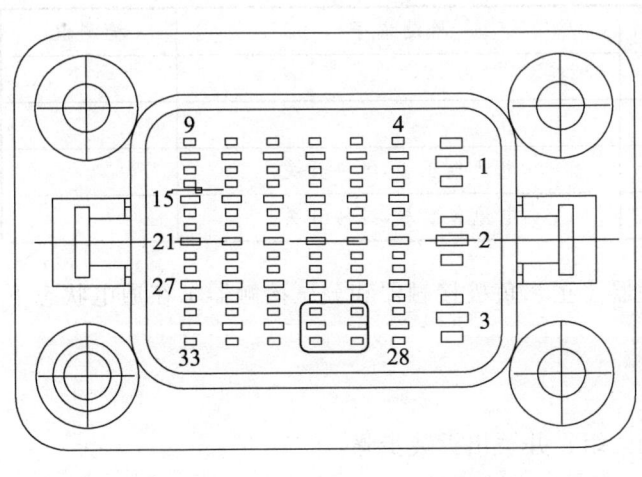

引脚号	端口定义	线束接法	信号类型
4	级联模块CANL		
5	级联模块CAN屏蔽地		
6	负极接触器电源		电压
10	级联模块CANL		
11	级联模块电源正		
13			
16	级联模块GND		
23			电压
28			
29	高压互锁输入		
30	高压互锁输出		

图3-3-3 线束接法和信号类型

（3）查阅维修资源，在动力电池包接插件低压接口图（见图3-3-4）中填写对应的端子号和功能。

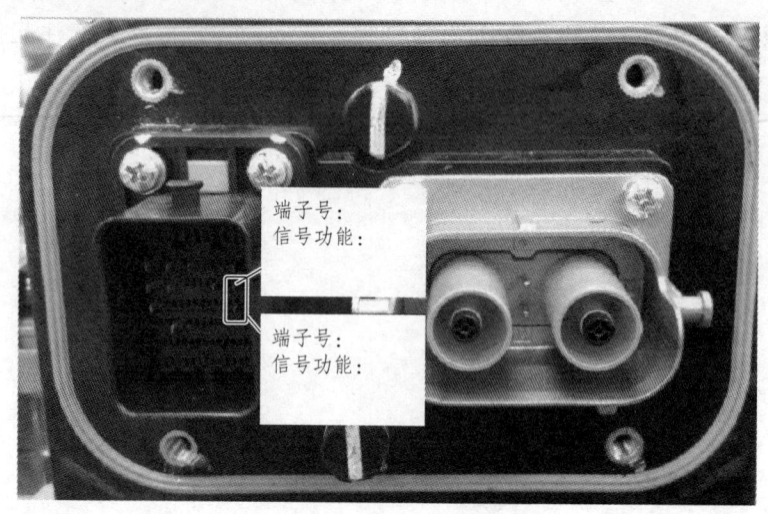

图3-3-4　动力电池包接插口

3．接触器检测

（1）依据维修手册，拆卸动力电池包内相关接触器。

（2）依据维修手册使用万用表对接触器进行检测，判断其性能好坏，填写接触器性能检测表（见表3-3-4）。

表3-3-4　接触器性能检测表

检测项目	线圈电阻	触点电阻（线圈通电）	性能判断
负极接触器			
分压接触器1			
分压接触器2			

（3）依据维修手册，利用万用表检测电池包电压，完成电池包电压检测表（见表3-3-5）。

表3-3-5　电池包电压检测表

检查项目	检测条件	检测端子	检测值
电池包总电压	OFF挡；连接维修开关		
	OFF挡；断开维修开关		
电池包分压后电压	OFF挡；断开维修开关	电池包正极-维修开关	
	OFF挡；断开维修开关	电池包负极-维修开关	

检测过程中严格执行高压操作安全，使接触器（正、负极接触器和分压接触器）在通电状态下检测。

4．电池模组检查

（1）查阅维修手册或相关资源，拆装动力电池组，并写出拆装步骤。

① _____

② _____

③ _____

④ _____

(2)检查电池模组、电池单体,完成电池模组检查表(见表3-3-6)。

表 3-3-6 电池模组检查表

1. 实车电池组	电池组总电压	2号单体电压	10号单体电压	15号单体电压	2号温度电阻(加热)	5号温度电阻	12号温度电阻(加热)
检测端子							
检测结果							
2. 备用电池组	电池组总电压	1号单体电压	6号单体电压	12号单体电压	1号温度电阻(加热)	3号温度电阻	10号温度电阻(加热)
检测端子							
检测结果							

(3)查阅维修手册或学习资源,参照实物在电池模组图(见图3-3-5)所示的方框中填写相关线束名称。

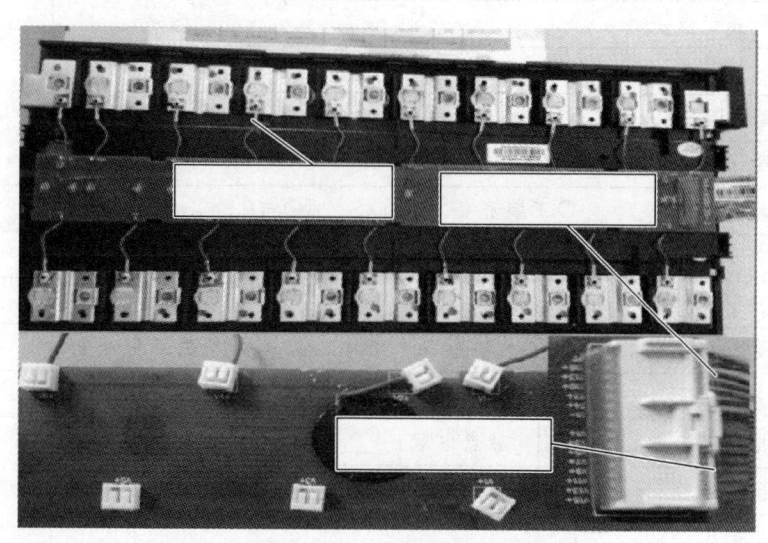

图 3-3-5 动力电池模组

(4)依据维修手册,组装动力电池包,将电池包安装回车内。

(5)查阅技术手册,补充完善电池冷却系统维修保养排气说明。

在拆装电池冷却系统回路中的动力_____、电池热管理电动水泵、板式换热器和电池冷却管路等零部件后,需对_____系统进行加注适量的、规定的冷却介质,且需按照如下步骤进行系统排气:

① 整车上OK挡电,连接VDS,进入BCC(电池热管理控制器)_____界面,将电池热管理电动水泵设置为"_____"。

② 打开前舱盖,观察电池热管理器水箱总成排气口中是否有_____的水流喷出。若喷出的水流为_____的,则继续排气,直至喷出水流为连续状态,且在排气口水流喷射连续状态下持续排气_____分钟后结束系统排气;若无水流喷出,查看水箱里面是否有冷却液。

——若没有,适量加注一些规定的冷却液待观察。

——若有,将电池热管理电动水泵按"工作____分钟"→"停止工作____分钟"周期来进行排气,直至有水流喷出。

③ 在排气过程中或排气完成后，检查电池冷却系统是否漏液。

④ 排气完成后，观察壶内的液位，若液位低于 max 线，则需要进行_____，让电池冷却介质液位接近_____。

（6）场地恢复与现场 8S 管理。

七、评价反馈

组员进行自我评价、相互评价，完成学习评价表（见表 3-3-7）的相应内容。

组间评价说明：

（1）操作评价。组员交叉进行元件认知评价。

（2）评价要求。组间评价表由评价人给予对应评价等级：单行全对的得"A"，错两个（含）以下得"B"，错两个以上得"C"。

表 3-3-7 学习评价表

项目	评价内容			评价等级		
				A	B	C
自我评价	学到的知识点：					
	学到的技能点：					
	不理解的有：					
	还需要深化学习并提升的有：					
组内评价	○按时到场	○工装齐备	○书、本、笔齐全			
	○安全操作	○责任心强	○8S管理规范			
	○学习积极主动	○合理使用教学资源	○主动帮助他人			
	○接受工作分配	○有效沟通	○高效完成工作任务			
	检测项目	评价要点				
	分压接触器检测	触点电阻：_____				
	负极接触器检测	触点电阻：_____				
	电池组电压					
	10号单体电压					
	3号温度电压					
小组评语及建议	他（她）做到了：			组长签名：		
	他（她）的不足：					
	给他（她）的建议：			年　月　日		
老师评语及建议				评价等级：		
				老师签名：		
				年　月　日		

八、学习资料

（一）动力电池包内部组成结构

1. 串联线

串联线就是把动力电池里各个模组按照串联的方式连接在一起组成一个动力电池包，其材料要求耐高温、耐腐蚀、导电性好等特点，如图3-3-6所示。

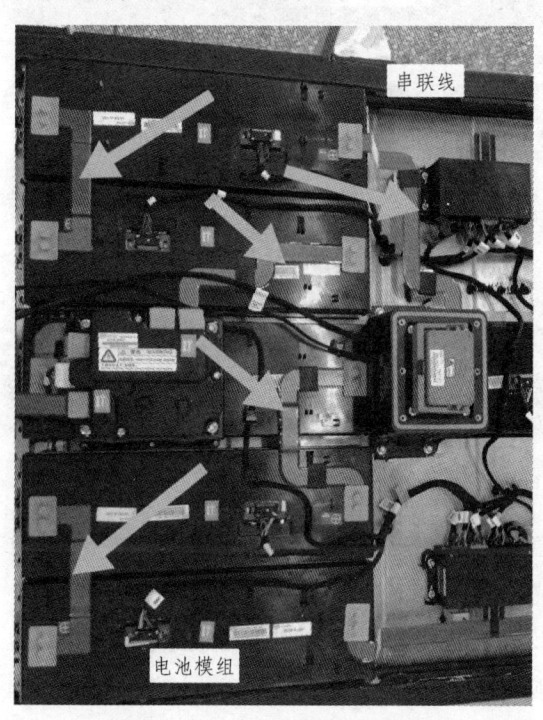

图 3-3-6　动力电池包串联线

2. 电池信息采集器（BIC）

电池信息采集器（BIC）主要对各单体电池进行电压和温度的采集，再把采集到的数据通过CAN网络的方式发送到电池管理器（BMS），以便BMS进行监控与管理。

3. 托　盘

其结构由槽壳承重梁组件、连接梁、护板组成。托盘结构作为一个整体，标准电池包固定在托盘上，然后通过转接支架与底盘纵梁固定。其优点是架构简单，设计合理，将标准电池包的固定托盘标准化，提高了电池包托盘的通用性；托盘的尺寸及固定孔位，可以根据标准电池包的需求调整，其结构形式不变，极大地提高了电池固定托盘的适配性；同时，该托盘还有护板，可以防护电池底部，避免道路突起、飞石等损伤电池包；此外，护板上的孔位还可以当作托盘各部分拼接时的定位孔，以保证托盘拼接后电池包安装孔位准确。

4. 防火隔热棉

动力电池包的防火隔热棉要求轻、阻燃、低导热率、耐候性强、抗高低温、有应力应变、安装便捷等特点。

5. 密封盖

由于纯电动汽车的动力电池包的电压一般都可高达200 V，所以电池箱体必须密封防水，防止进水导致电路短路。故要求其密封盖防护等级达到IP67级。

6. 高压维修开关

高压维修开关的主要作用就是在紧急情况或者维修时切断高压电的输出,故又称为紧急维修开关,如图 3-3-7 所示。

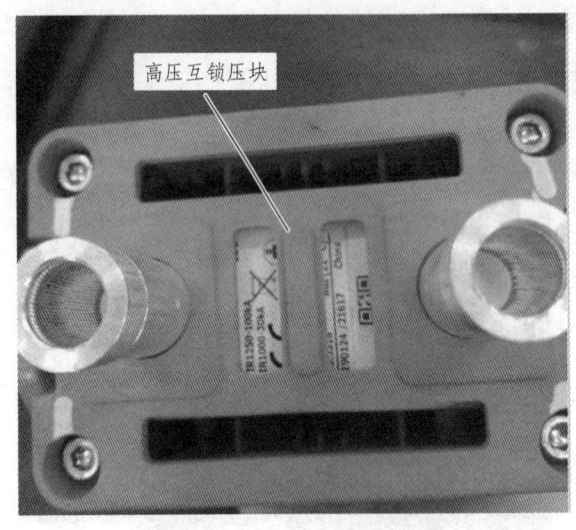

图 3-3-7 紧急维修开关

因涉及高压安全,故紧急维修的规范操作是非常重要的,不规范的操作不仅可能造成车辆故障,还有可能引起高压拉弧等危险。紧急维修开关规范操作如下:

(1)紧急维修开关是特殊情况下(如车辆维修、漏电报警等情况)才使用的,在非特殊情况下不允许对紧急维修开关进行操作。

(2)紧急维修开关的操作应由专业人员进行,至少操作人员应该进行过相关培训。

(3)操作时,操作人员必须佩戴必要的劳保用品,如绝缘手套、绝缘胶鞋等。紧急维修开关电压等级必须大于电池组的最高电压。用前需要检查其是否完好无损,以确保安全。

(4)拔下紧急维修开关手柄后,必须妥善保管,直至检修完毕,避免误操作。

(5)拆下紧急维修开关之后,必须等待至少 10 分钟后方能进行维修操作,以确保高压线路的余电已释放,如果条件允许,建议等待时间为 30 分钟。

推荐的操作步骤:断开点火开关,并将钥匙移开智能钥匙系统探测范围;断开低压蓄电池负极端子,并用绝缘胶布包好负极;确认绝缘手套不漏气,并佩戴好;断开紧急维修开关;将紧急维修开关保存好;等待 10 分钟或更长时间,以便高压部件总成内部电容放电;最后进行维修操作。

7. 总正、总负接触器

动力电池包内包含有总正接触器、总负接触器、分压接触器等,其在动力电池包内的位置分布如图 3-3-8 所示。总正接触器连接于电池包放电正极电路,而总负接触器连接于电池包放电负极电路,分压接触器连接于电池包模组之间,由电池管理系统控制它们的接通与断开,从而控制动力电池包能量的输出、输入。在上电过程中,一般是总负接触器先接合,总正接触器后接合,而在下电时,一般是总正接触器先断开,总负接触器后断开。

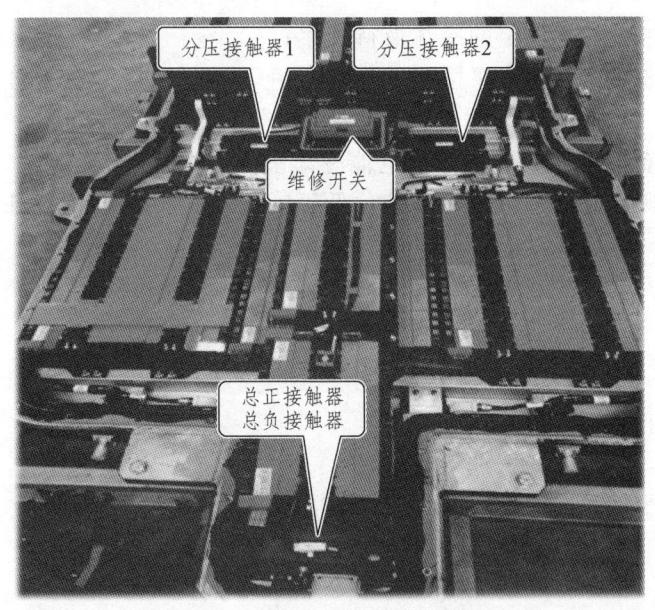

图 3-3-8　动力电池包接触器位置

8. 冷却管道

电池系统由于其自身有一定的内阻，在输出功率、电能的同时产生一定的热量，从而产生热量累积使电池温度升高，空间布置的不同使得各处电池温度并不一致。由于电池阻抗的存在，在电池充放电过程中，电流通过电池导致电池内部产生热量，温度的升高对电池的日历寿命和循环寿命都有影响。为了保证电池系统的电性能和寿命，同时使电池系统在适宜的温度下工作，确保其输出最优的功率和电能给车辆，采用了冷却管道，通过空调制冷系统对电池包进行冷却。而且冷却管道除了可以给电池包冷却外，还可以在车辆处在低温状态下通过空调制热系统对电池包予以一定的加热升温，其作用在于确保电池包在适宜的工作温度下工作。其水道的布局也因车而异，如图 3-3-9 所示。

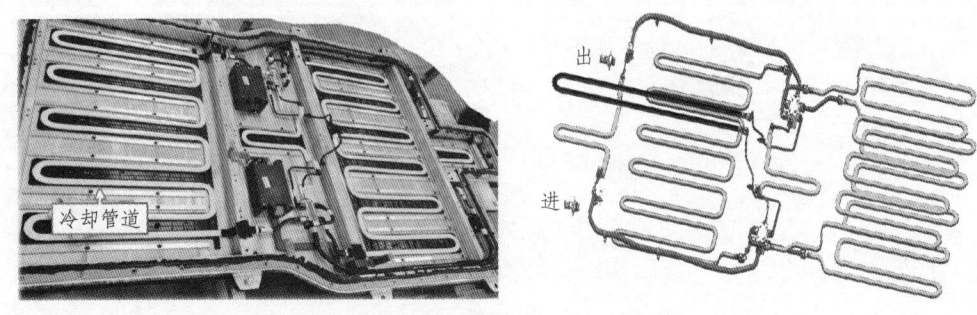

图 3-3-9　电池包冷却水道

（二）动力电池包更换注意事项

在拆装电池冷却系统回路中的动力电池包、电池热管理电动水泵、板式换热器和电池冷却管路等零部件后，需对电池热管理系统进行加注适量的、规定的冷却介质，且需按照正确的步骤进行系统排气。

（1）整车上 OK 挡电，连接 VDS，进入 BCC（电池热管理控制器）主动测试界面，将电池热管理电动水泵设置为"开启"。

（2）打开前舱盖，观察电池热管理器水箱总成排气口中是否有连续的水流喷出。若喷出的水流为间断的，则继续排气，直至喷出水流为连续状态，且在排气口水流喷射连续状态下持续排气 3~5 分钟后结束系统排气；若无水流喷出，查看水箱里面是否有冷却液。

——若没有，适量加注一些规定的冷却液待观察；

——若有，将电池热管理电动水泵按"工作 3 分钟"→"停止工作 1 分钟"周期来进行排气，直至有水流喷出。

（3）在排气过程中或排气完成后，检查电池冷却系统是否漏液。

（4）排气完成后，观察壶内的液位，若液位低于 max 线，则需要进行补液，让电池冷却介质液位接近 max 线。

学习活动四 动力电池包无高压输出故障排除

一、学习目标

（1）能够在老师指引下，查阅资料，小组合作完成动力电池包无高压输出故障排除的资讯检索。
（2）能够根据任务要求，制订工作计划，做出决策，并具体实施。
（3）能够查阅教学资源，分析动力电池包无高压输出故障原因，并提出解决方案。
（4）能够根据工作页指引，小组合作完成动力电池包无高压输出故障排除。
（5）能够根据教学资源，小组合作制作动力电池包无高压输出故障排除PPT，并展示评价。
（6）能够遵守新能源汽车高压安全操作规范，并执行活动过程的8S管理要求。
（7）能够按职业能力要求进行展示评价。

二、学习准备

设备：新能源汽车台架或整车、车辆举升机、动力电池托举机等。
常用工具：绝缘工具车1套，配备常用扳手、套筒、螺丝刀等绝缘工具。
防护套件：绝缘手套、防酸碱手套、绝缘鞋、绝缘垫、护目镜、pH试纸等。
检测工具：数字钳形表、万用表、诊断仪、示波器。
资料：网络资源、维修手册、维修工单、高压安全操作规程。
分组：每组5~6人，小组讨论后，由组长按任务要求分配人员。

三、学习内容

动力电池包无高压输出故障排除学习内容如图3-4-1所示。

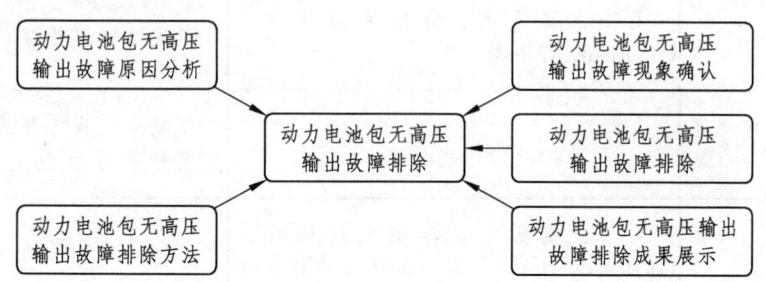

图3-4-1 动力电池包无高压输出故障排除学习内容

四、引导问题

1. 动力电池及其管理系统常见故障

查阅维修手册及相关资源，分析动力电池系统常见故障现象及原因，完成动力电池系统故障分析表（见表3-4-1）。

表 3-4-1 动力电池系统故障分析表

序号	故障名称	故障现象	故障原因
1		无法上高压电，车辆无法运行，OK/Ready 灯不亮（诊断仪可测 BMS）	高压插件松动、未插好或互锁线路故障
2	CAN 通信故障		CAN 线端脱落、断路，CAN 端子退针（松动）都会导致通信故障
3	BMS 电源线路故障	无法上高压电，车辆无法运行，OK/Ready 灯不亮，动力故障灯点亮，SOC 为 0%（诊断仪测不了 BMS）	
4		无法上高压电，车辆无法运行，OK/Ready 灯不亮（诊断仪可测 BMS，读到绝缘电阻值为 0）	电池或其他高压部件漏电；绝缘模块检测线接错；漏电传感器故障
5	采集模块数据为 0		采集模块采集线断开、采集模块损坏；采集模块与 BMS 通信故障
6	电池电流数据错误	车辆可以运行，但是电流表和功率表都为 0	
7		仪表点亮动力电池过热故障灯	电池冷却水少、外部水管漏水；电池冷却水泵故障
8	不能使用充电机充电		充电机与 BMS 通信不正常；车载充电机控制端故障
9	SOC 异常	OK/Ready 点亮，SOC 为 0%	
10		无法上高压电，车辆无法运行，OK/Ready 灯不亮	预充继电器开路、预充电阻开路
11	上电后主继电器不吸合		预充未完成（预充继电器开路、预充电阻开路）；主继电器故障
12	单体电压异常	无法上高压电，车辆无法运行，OK/Ready 灯不亮，动力电池故障灯点亮	

电池管理系统（BMS）常见故障类型包括高压互锁故障、CAN 系统通信故障、BMS 未正常工作、电压采集异常、温度采集异常、绝缘故障、内外总电压测量故障、预充电故障、无法充电、电流显示异常故障等。

2. 电池管理系统参数标定

（1）更换电池包或电池管理器时，需要重新标定电池容量和 SOC，如图 3-4-2 所示。

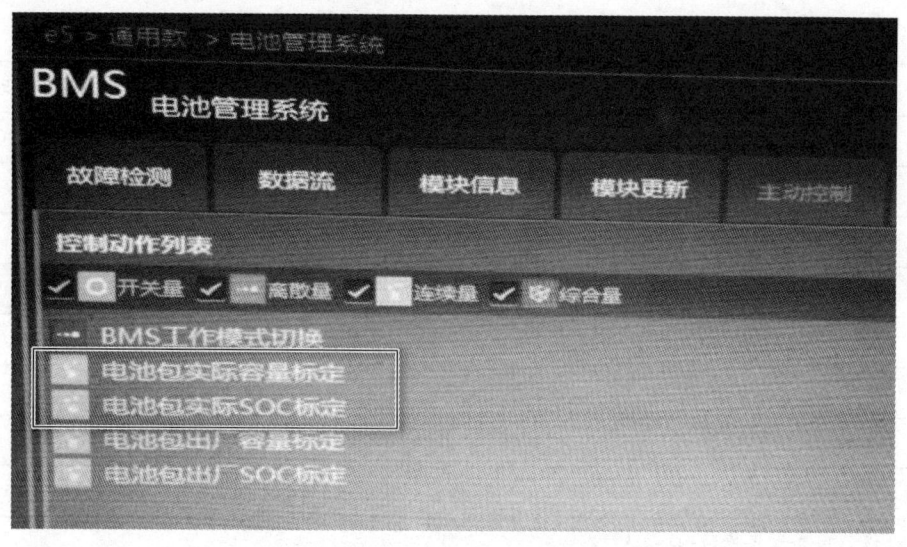

图 3-4-2　BMS 电池管理系统标定

（2）更换电池包时，根据电池包出货检验报告单上的数据标定电池容量和 SOC。

（3）更换电池管理器时，根据原车电池包数据标定电池容量和 SOC。

3. 故障原因分析

查找维修手册和教学资源，列举动力电池包无高压输出可能的原因，完成鱼骨图（见图 3-4-3）。

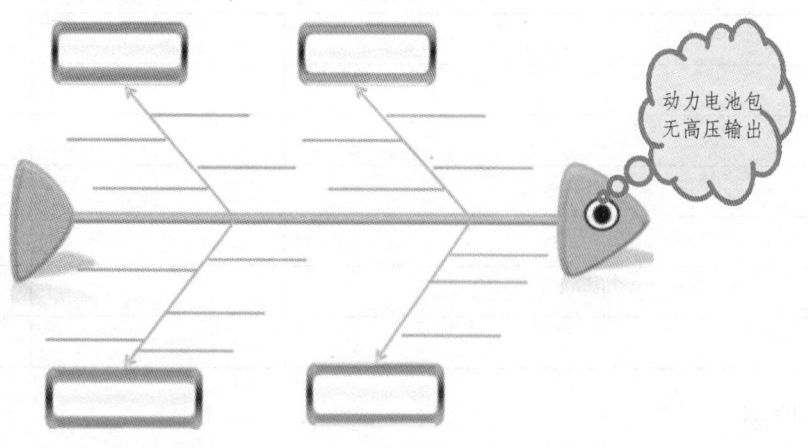

图 3-4-3　动力电池包无高压输出鱼骨图

五、计划与决策

根据任务要求，确定需要的设备、工量具、耗材，对小组成员进行分工，制订详细的流程和计划。

1. 制订计划

（1）需要的设备、工量具、耗材。

① 实训设备：_____。

② 安全保护设备：_____。

③ 耗材：_____。

（2）小组成员分工，如表 3-4-2 所示。

表 3-4-2 任务计划表

序号	项 目	组 员	时间段
1	高压元件中英文查找（例）	×××	9:30—10:00
2			
3			
4			
5			
6			
7			
8			

提示：高压维修，需要维修技师+监护人。

2. 做出决策

列出具体操作/检测步骤，如表 3-4-3 所示。

表 3-4-3 任务决策表

序号	检测项目	工具/设备	注意事项
1			
2			
3			
4			
5			
6			
7			
8			

六、实施与控制

1. 列举高压维修安全操作步骤

查阅维修手册及相关资源，参考高压维修安全图（见图 3-4-4），列举新能源汽车高压维修操作注意事项：

图 3-4-4 高压维修安全图

2. 确认故障现象

点火开关打至 ON 挡，观察仪表相关指示灯，完成仪表指示灯检查确认表 3-4-4。

表 3-4-4 仪表指示灯检查确认表

OK 灯	□点亮；□正常	动力电池切断警告灯	□点亮；□正常
动力系统警告灯	□点亮；□正常	SOC 状态	□点亮；□正常
充电警告灯	□点亮；□正常	其他故障灯及提示	

3. 读取故障信息

使用诊断仪进行初步诊断，读取故障信息。
（1）读取故障代码及内容（见表 3-4-5）

表 3-4-5 故障代码内容

清除前	
清除后	

（2）使用诊断仪读取车辆相关数据，并填写车辆数据表（只填写与故障相关的数据流，见表 3-4-6）。

表 3-4-6 车辆数据表

项目	数值	单位	判断

4. 初步确定故障范围

结合仪表现象、诊断数据和电路图分析，最有可能的故障范围：
（1）_____。
（2）_____。
（3）_____。
（4）_____。

5. 初步检查

（1）线路/连接器外观及连接情况 □正常   □不正常：_____。
（2）零件安装等 □正常   □不正常：_____。

6. 故障检查与排除

低压元件：线路/部件检查（先电压，后电阻），完成线路/元件检查表（见表 3-4-7）。

表 3-4-7 线路/元件检查表

序号	检测项目	检测端子	检测条件	检测结果	初步判断
1					
2					
3					
4					

序号	检测项目	检测端子	检测条件	检测结果	初步判断
5					
6					
7					
8					
9					
10					

7. 故障部位确认与排除（见表 3-4-8）

表 3-4-8　故障部位确认与排除

故障类型	确认故障的位置	排除处理说明
线路故障	油门 BG44/3-VTOG B28（A）/40 线路断路	□更换□维修□调整
元件故障		□更换□维修□调整

8. 数据诊断

（1）写出诊断仪进入 BMS 的诊断路径：_____，VIN 码：_____。

（2）读取故障代码，故障代码及内容：_____。

（3）读取数据流，参照维修手册及数据流图（见图 3-4-5、图 3-4-6），读取故障排除后动力电池组相关数据，完成数据流表（见表 3-4-9）。

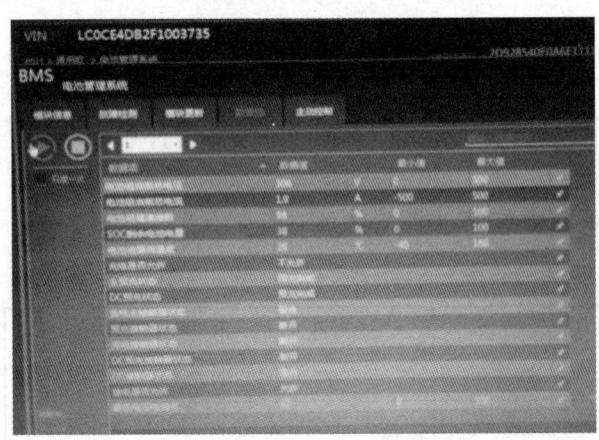

图 3-4-5　BMS 常规数据流

图 3-4-6　BMS 均衡数据流

表 3-4-9 动力电池故障排除后数据表

序号	数据内容	显示值	序号	数据内容	显示值	序号	数据内容	显示值
1	电池组总电压		8	电池组温度		15	最低单体温度	
2	电池组总电流		9	放电主接触器		16	最高温度电池号	
3	SOC 剩余电量		10	最低电压电池号		17	最高单体温度	
4	充电是否允许		11	最低单体电压		18	均衡时间最短电池号	
5	主预充		12	最高电压电池号		19	均衡时间最短时长	
6	DC 预充		13	最高单体电压		20	均衡时间最长电池号	
7	放电主接触器		14	最低温度电池号		21	均衡时间最长时长	

（4）标定动力电池 SOC 值，如表 3-4-10 所示。

根据诊断仪提示，标定电池包出厂容量和实际容量。

注意：在标定前，记录仪表 SOC 值

表 3-4-10 动力电池 SOC 值

仪表显示 SOC 值			诊断仪显示 SOC 值			
标定前	标定后	恢复初始值（标定前值）	标定前	标定值	标定后	恢复初始值（标定前值）
				45%		

9. 场地恢复

场地恢复、现场进行 8S 管理。

七、评价反馈

组员进行自我评价、相互评价，完成学习评价表（见表 3-4-11）的相应内容。

组间评价说明：

（1）操作评价。组员交叉对故障进行评价。

（2）评价要求。组间评价表由评价人给予对应评价等级：单行全对的得"A"，错两个（含）以下得"B"，错两个以上得"C"。

表 3-4-11　学习评价表

项　目	评价内容	评价等级		
		A	B	C
自我评价	学到的知识点：			
	学到的技能点：			
	不理解的有：			
	还需要深化学习并提升的有：			
组间评价	○按时到场　　　○工装齐备　　　○书、本、笔齐全			
	○安全操作　　　○责任心强　　　○8S管理规范			
	○学习积极主动　○合理使用教学资源　○主动帮助他人			
	○接受工作分配　○有效沟通　　　○高效完成工作任务			
	高压系统漏电故障检修总结评价			
	PPT制作能力			
	展示能力			
	诊断能力			
	创新能力			
	8S管理			
小组评语及建议	他（她）做到了： 他（她）的不足： 给他（她）的建议：	组长签名： 年　月　日		
老师评语及建议		评价等级： 老师签名： 年　月　日		

八、学习资料

1. 动力电池 SOC 值的标定

一般在更换动力电池和电池管理器（BMS）后，需要对纯电动汽车的 SOC 值进行重新标定，如不进行重新标定，则会影响其使用，甚至造成车辆无法行驶。

动力电池 SOC 值的标定流程：打开点火开关，用专用诊断仪 VDS1000（或者 VDS2000）进入车辆的电池管理器，先读取故障并清除，确保 SOC 值标定前无故障码，然后读取其相关数据流（电池包出厂 SOC 标定值和电池包实际 SOC 标定值），最后进入电池管理器主动控制菜单栏，点击电池包实际 SOC 标定值（%），根据电池包的额定容量设定电池包容量值和电池包实际 SOC 值，点击确认即标定完成，如图 3-4-7～图 3-4-9 所示。

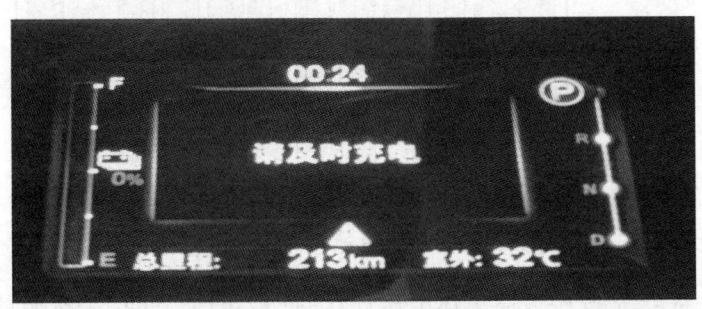

图 3-4-7　SOC 值未标定前

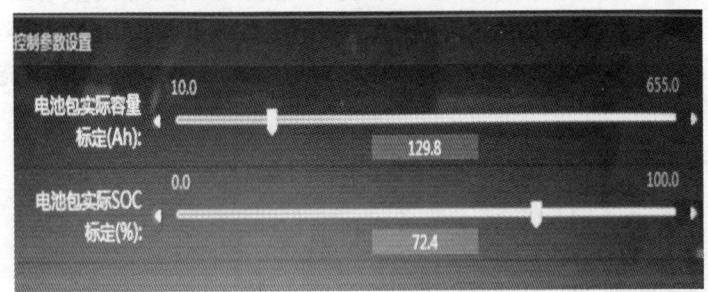

图 3-4-8　SOC 值标定设定

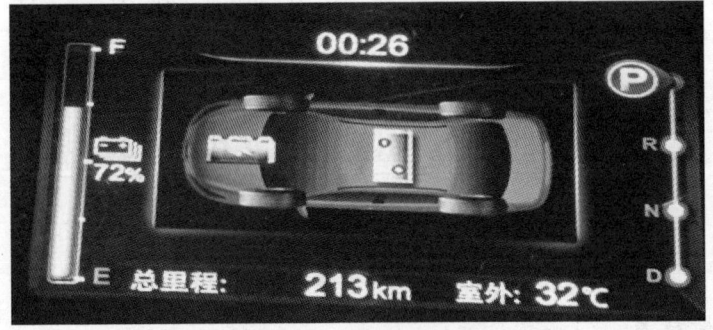

图 3-4-9　SOC 值标定后

2. 动力电池不均衡原因及现象

有些使用镍钴锰、镍钴铝或其他类型动力电池（电芯）的车辆，电池包里会有数百甚至数千节电池。这些电池会采用"串并联"方式组合，串联升高电压、并联扩大容量，因此在使用过程中无法保证每节电池或某个模块不出现电压、容量、温度的差异，这就会造成不均衡或不平衡趋势的问题。

假设某几个电芯或模块的容量出现严重下降，电压自然也会降低。充电时这些电池就会先充满，而控制单元在检测到这些电池充满之后就会停止充电，但此时其他电池还没有充满，此时也是不得不停止充电（见图 3-4-10），这就导致电池组总也充不满，续航里程就会受到影响。在使用过程中还可能出现"跳电"的情况，比如 SOC = 40% 的行驶过程中，正常驾驶 SOC 忽然出现从 40% 降低到 20%，这 20% 的电量可能只能行驶几百米，但在 40%～60% 区间却可以行驶几十千米，此时电池组的问题就很严重了，需要对其进行均衡充电。

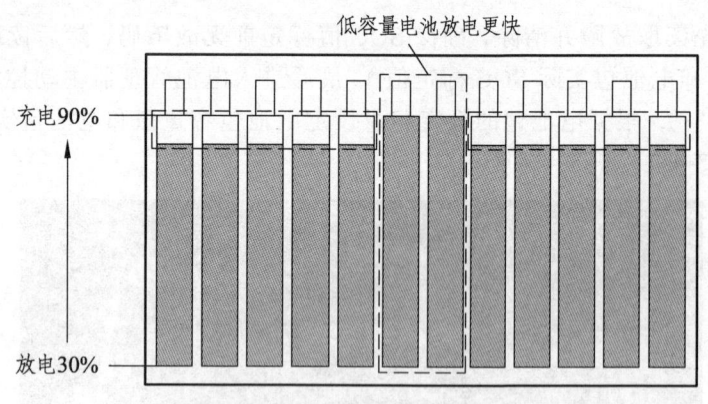

图 3-4-10 动力电池包无法充满示意

电动汽车充电时，SOC 是按照最高单体电压计算的；放电时，SOC 是按照最低单体电压计算的。而电池包由多个电芯串联而成，充电状态下，最高单体电压达到充电截止电压时，最低单体电压未必达到满充截止点，这就导致整包实际充不满，如图 3-4-11 所示。因此，需要通过主动/被动均衡，把最高电压单体的电量转移出去（均衡放电），同时对最低电压单体额外进行充电（均衡充电），这就是充电过程中的均衡操作。

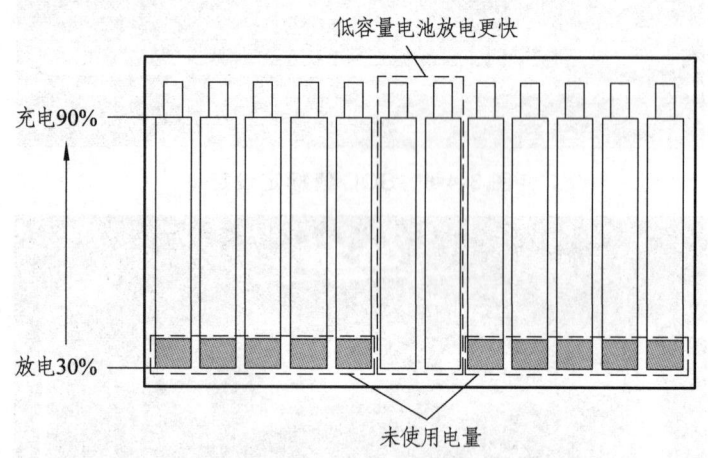

图 3-4-11 动力电池包电量无法完全使用示意

3. 动力电池均衡技术

动力电池均衡技术的意义就是利用电子技术，使锂离子电池单体电压偏差保持在预期的范围内，从而保证每个单体电池在正常使用时不发生损坏。若不进行均衡控制，随着充放电循环的增加，各单体电池电压逐渐分化，使用寿命将大大缩减。

电池均衡一般分为主动均衡、被动均衡两种。

1）被动均衡

被动均衡指的是在充电过程中，运用电阻器，将高电压或高荷电量电芯的能量消耗掉，以达到减小不同电芯之间差距的目的，是一种能量的消耗。当各单体电池电压接近一致时，继续进行充电。此过程一直重复进行，直到各单体电池电压接近一致，如图 3-4-12 所示。

2）主动均衡

主动均衡是指运用储能器件等，将荷载较多能量的电芯部分能量转移到能量较少的电芯上，是一种能量的转移。均衡充电时，电容通过其控制开关交替与相邻两个电池连接，接受电压高电池的充电，并向电压低的电池放电，直到两个蓄电池的电压趋于一致，如图 3-4-13 所示。

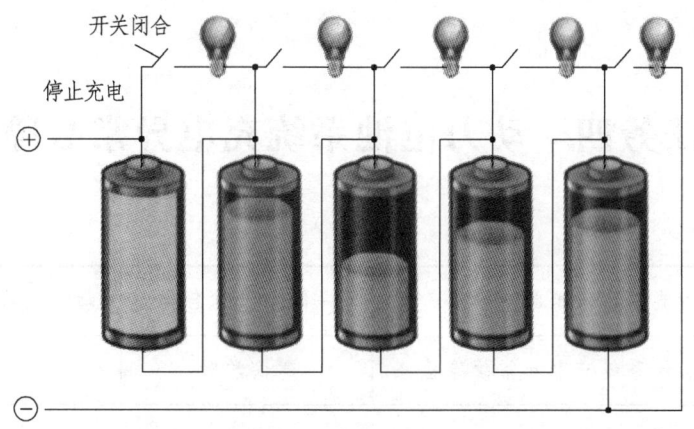

图 3-4-12 电池管理系统均衡管理功能展示——被动均衡

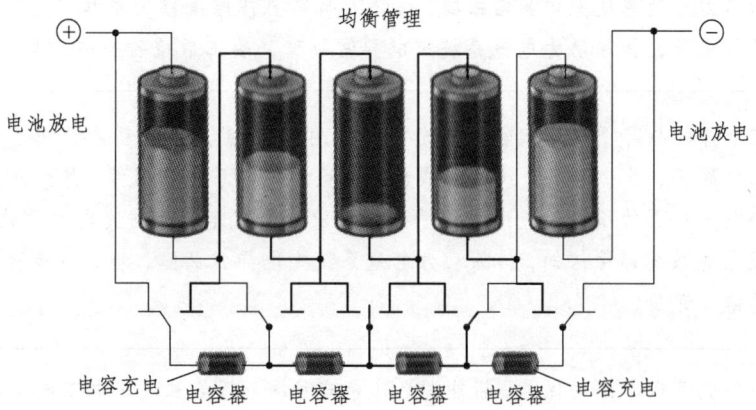

图 3-4-13 电池管理系统均衡管理功能展示——主动均衡

学习任务四　动力电池系统充电异常故障检修

专业名称	新能源汽车检测与维修	一体化课程名称	动力电池及充电系统故障检修
学习任务	动力电池系统充电异常故障检修	建议学时	24
工作情景描述	顾客王先生对新能源汽车进行充电，发现车辆无法充电，车辆进厂维修，经初步检查，判断为动力电池系统充电异常故障。维修人员需要按照维修工单和车间作业流程，遵守高压安全检测规范，排除动力电池系统充电异常故障，竣工后检验合格，交付车辆		
学习任务描述	在老师的指导下确认车辆无法充电现象，接受任务后学习新能源汽车充电系统的结构组成及工作原理，认知充电系统的组成部件，检测充电系统零部件，排除车辆无法充电故障，完成相关工作页的填写；按照维修手册的要求，制定车辆无法充电元件认知及故障检测方案，完成充电系统部件认知，排除动力电池系统充电异常故障，竣工后检验合格，交付车辆后进行总结、评价		
与其他学习任务的关系	在新能源汽车维护保养、新能源汽车新车检查、新能源汽车电工电子等学习任务中了解新能源汽车基本结构的基础上完成本学习任务。通过本学习任务的学习，为动力电池及充电系统检修的其他学习任务打下基础		
专业基础	学生已经完成了新能源汽车维护、保养的操作知识，对新能源汽车各系统的结构认识有了一定的了解		
学习目标	1. 知识 （1）能通过维修手册及网络资源检索车辆无法充电故障检修相关信息。 （2）能描述充电系统的结构组成及各部件的作用。 （3）能描述充电系统电路控制原理及逻辑关系。 （4）能分析动力电池系统充电异常故障及可能原因。 （5）能描述充电系统零部件检测及判定标准。 2. 技能 （1）能实车认知充电系统的结构部件，并描述零部件的位置和作用。 （2）能绘制充电系统电路图，并展示评价。 （3）能在老师指导下，分析动力电池系统充电异常故障原因，制定维修方案。 （4）能按照维修方案，对充电系统元器件进行检测，并判断性能。 （5）能排除动力电池系统充电异常故障，并进行总结评价。 3. 素养 （1）能独立或协作完成故障检修、总结评价等任务。 （2）能遵守工作过程中的8S检验，对职业能力进行展示评价		

续表

学习内容	（1）高压安全防护及8S现场管理规定。 （2）维修手册、电路图册的使用。 （3）充电系统结构原理与认知。 （4）新能源汽车电路图构成与识图方法。 （5）绘制充电系统电路图。 （6）动力电池系统充电异常原因分析与故障排除。 （7）充电系统元件、线路检测与性能判定。 （8）动力电池系统充电异常故障排除与思路总结。 （9）与他人沟通合作，获取信息，对学习与工作进行总结、展示评价
教学条件	维修手册、高压安全操作规程、车间管理制度、8S管理规范制度、绝缘工具套装、新能源汽车专用工位设备器材、绝缘测试仪、诊断仪、测试线、车辆、举升机等
教学组织形式	教学组织形式：小组学习。 （1）情景再现：老师组织学生以小组的形式观察动力电池系统充电异常故障现象，初步检测，明确学习任务。 （2）初步分析：小组利用工作页和相关知识初步诊断并进行元器件认知。 （3）制定方案：学生识读电路图，绘制充电系统电路图，分析车辆无法充电故障原因，制定维修方案并展示评价。 （4）实施方案：小组进行动力电池系统充电异常故障排除、充电系统元器件检测，工作过程实行自检、互检和终检三级检验。 （5）评价反馈：小组总结、评价，实行自评、互评、老师点评综合评价
教学流程与活动	教学流程：复习与问答→情景导入→任务资讯→计划与决策→实施与控制→评价反馈。 学习活动 | 学习活动一	充电系统结构认知	6学时
---	---	---
学习活动二	充电系统电路绘制	6学时
学习活动三	动力电池系统充电异常故障排除	6学时
学习活动四	车载充电机拆装与检测	6学时	
评价内容与标准	1. 专业能力评价标准 （1）遵守高压安全操作规范，正确选用工量具和检测设备。 （2）查找认知充电系统结构部件，描述零部件的位置、作用及原理。 （3）绘制充电系统电路图，分析故障原因，完成鱼骨图。 （4）通过拆装、检测充电系统零部件参数判断其性能。 （5）按照故障诊断流程排除故障，并总结故障排除思路。 （6）分析并描述动力电池系统充电异常的故障原因。 （7）工作过程的自检、互检、终检和8S监督，执行安全操作，做好安全防护。 2. 社会能力评价标准 （1）收集资料，方案制作能力（PPT制作能力、图案绘制能力）。 （2）展示表达能力和团队协作能力。 （3）观察分析、相互评价、相互肯定与提升的能力。 3. 方法能力评价标准 （1）维修手册及电路识图的使用方法。 （2）通过维修手册和网络资源有效获得支撑资料的方法。 （3）通过维修资料和场地资源解决实际问题的能力

学习活动一 充电系统结构认知

一、学习目标

(1) 能够在老师指引下,查阅资料,小组合作完成充电系统结构认知的资讯检索。
(2) 能够根据任务要求,制订工作计划,做出决策,并具体实施。
(3) 能够查阅教学资源,独立完成充电系统结构认知,并描述元器件名称、位置和作用。
(4) 能够根据工作页指引,小组合作完成充电系统结构绘制,并展示评价。
(5) 能够遵守新能源汽车高压安全操作规范,并执行活动过程的 8S 管理要求。
(6) 能够按职业能力要求进行展示评价。

二、学习准备

设备:新能源汽车台架或整车、车辆举升机、动力电池托举机等。
常用工具:绝缘工具车 1 套,配备常用扳手、套筒、螺丝刀等绝缘工具。
防护套件:绝缘手套、防酸碱手套、绝缘鞋、绝缘垫、护目镜、pH 试纸等。
检测工具:数字钳形表、万用表。
资料:网络资源、维修手册、维修工单、高压安全操作规程。
分组:每组 5~6 人,小组讨论后,由组长按任务要求分配人员。

三、学习内容

充电系统结构认知学习内容如图 4-1-1 所示。

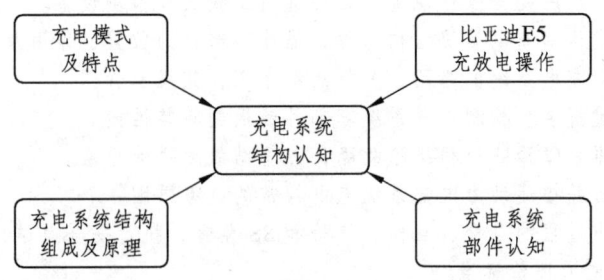

图 4-1-1 充电系统结构认知学习内容

四、引导问题

(1) 查阅教学资源,参照表 4-1-1 中各类充电模式连接图,认知车辆充电的四种充电模式,指出其特点,完成车辆充电模式表。

表 4-1-1　车辆充电模式表

充电模式	充电插头连接	与车辆通信	连接方式
模式 1	家用电插座（见图 4-1-2）  1—普通家用插座；2—用于普通家用插座的插头； 3—充电电缆；4—充电插头； 5—车辆充电接口。 图 4-1-2　充电模式 1	无	
模式 2	家用电插座（见图 4-1-3） 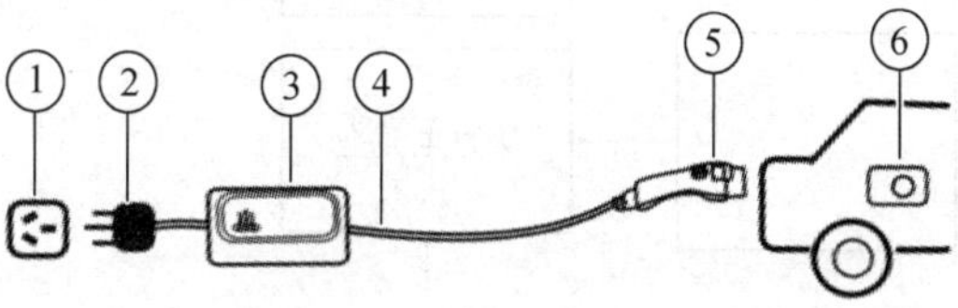 1—普通家用插座；2—用于普通家用插座的插头； 3—集成式电缆箱；4—充电电缆；5—充电插头； 6—车辆充电接口。 图 4-1-3　充电模式 2		采用单相交流供电，电源侧使用 16 A 插头插座时输出不能超过 13 A；电源侧使用 10 A 插头插座时输出不能超过 8 A，并应具备剩余电流保护和过流保护功能
模式 3	交流充电桩（立柱、立柜、壁挂式）（见图 4-1-4） 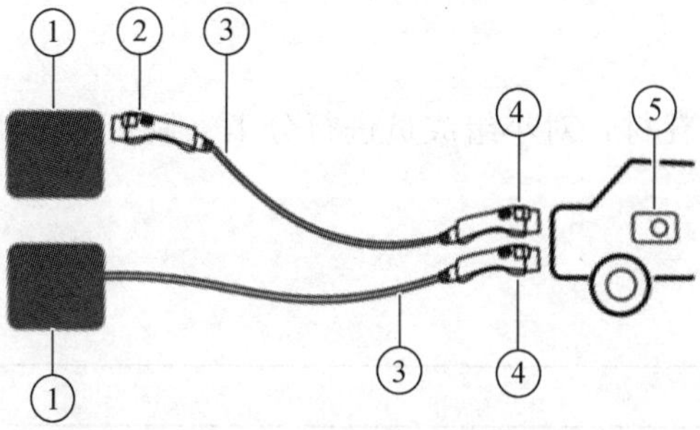 1—交流充电桩；2—充电插头；3—充电电缆； 4—用于连接车辆的充电插头； 5—车辆充电接口。 图 4-1-4　充电模式 3	通过充电桩内的模块	
模式 4	直流充电桩（立柜式）（见图 4-1-5） 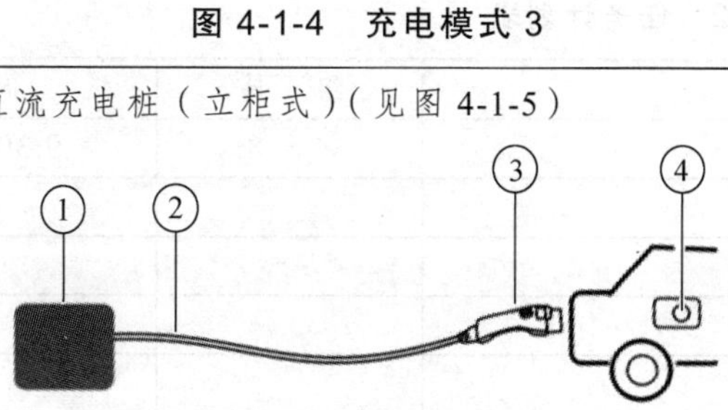 1—直流充电桩；2—充电电缆； 3—用于连接车辆的充电插头； 4—车辆充电接口。 图 4-1-5　充电模式 4		

（2）查阅教学资源，补全动力电池包充电电路走向框图（见图4-1-6）的元器件名称，并用彩色箭头标注 VTOG 充电和直流充电的电流走向。

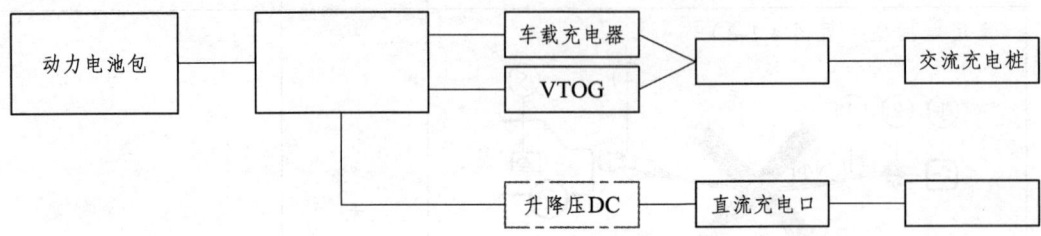

图 4-1-6　动力电池包充电电路走向

（3）查阅教学资源，补全充电电路走向框图（见图4-1-7）方框中元器件的名称，并用彩色箭头标注交/直流充电、DC-DC 充电和能量回馈充电的电流走向。

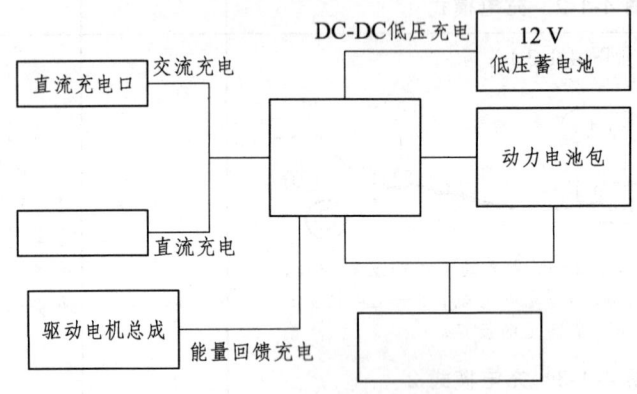

图 4-1-7　充电电路走向

五、计划与决策

根据任务要求，确定需要的设备、工量具、耗材，对小组成员进行分工，制订详细的流程和计划。

1. 制订计划

（1）需要的设备、工量具、耗材。

① 实训设备：＿＿。

② 安全保护设备：＿＿＿＿＿＿＿＿＿＿＿＿＿＿＿＿＿＿＿＿＿＿＿＿＿＿＿＿＿＿＿＿＿＿＿＿。

③ 耗材：＿＿。

（2）小组成员分工，如表4-1-2所示。

表 4-1-2　任务计划表

序号	项目	组员	时间段
1	高压元件中英文查找（例）	×××	9:30—10:00
2			
3			
4			
5			
6			
7			
8			

提示：高压维修，需要维修技师+监护人。

2. 做出决策

列出具体操作/检测步骤，如表 4-1-3 所示。

表 4-1-3 任务决策表

序号	检测项目	工具/设备	注意事项
1			
2			
3			
4			
5			
6			
7			
8			

六、实施与控制

1. 车辆充放电操作

（1）查阅维修手册及相关资源，参考充放电设备图（见图 4-1-8），列举充放电注意事项。

① 充电注意事项：

② 放电注意事项：

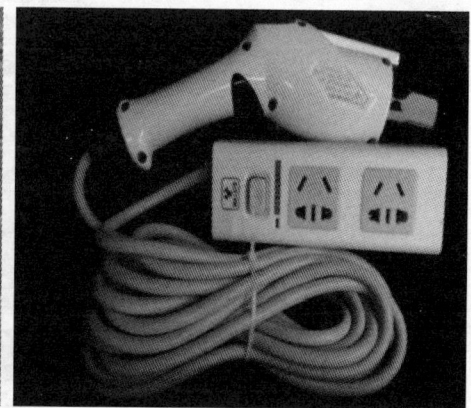

图 4-1-8 充放电设备图

（2）充电操作。

分别使用随车充电枪和壁挂式充电桩对车辆进行充电，观察充电指示灯和仪表状态，完成车辆充电状态表（见表 4-1-4）。

表 4-1-4　充电状态表

充电连接方式	充电模式	指示灯颜色	指示灯状态	充电电流/功率	预计充满时间
随车充电枪					
壁挂式充电桩					

（3）放电操作。

参考车辆对外放电图（见图 4-1-9），分别进行 V-L 和 V-V 放电，观察仪表状态，完成车辆放电状态表（见表 4-1-5）。

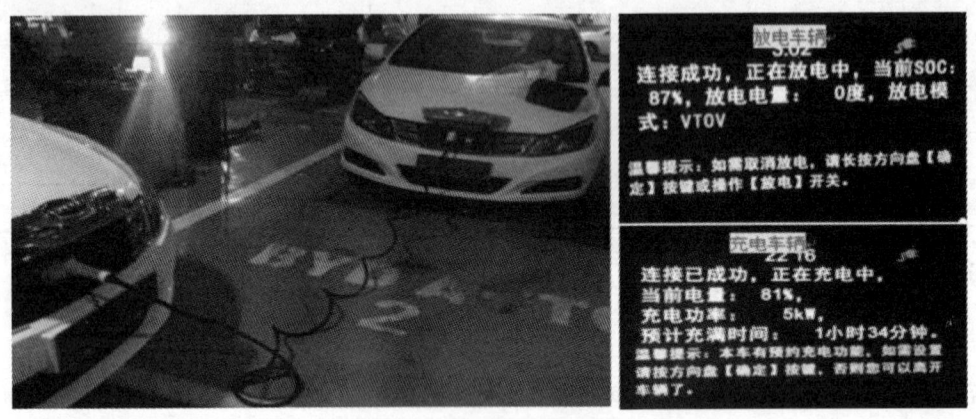

图 4-1-9　车辆对外放电

表 4-1-5　车辆放电状态表

放电方式	放电电流/功率	SOC	充电电流/功率
V-L			
V-V			

2. 充电系统结构认知

（1）查阅教学资源，补全充电系统结构组成图（见图 4-1-10），并用不同颜色箭头标注高压、低压动力流向。

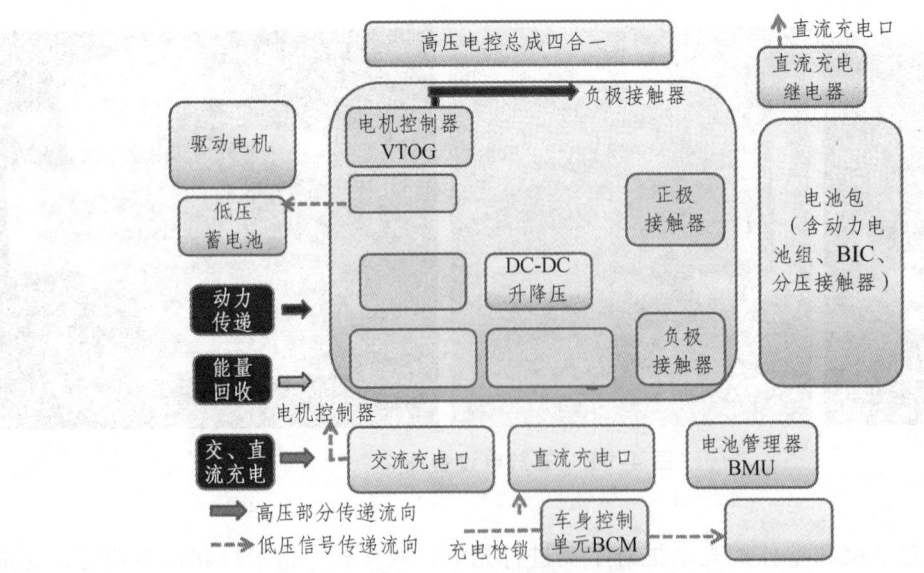

图 4-1-10　充电系统结构组成

（2）查阅维修手册及相关资源，实车认知充电系统元器件，拍照记录并标贴，完成实车元器件识别表（见表4-1-6）。

表4-1-6 实车元器件识别表

序号	元件名称	元件位置	元件作用
1	交流充电口		
2	直流充电口		
3	交流充电接触器		
4	直流充电接触器正极		
5	直流充电接触器负极		
6	车载充电器OBC		
7	DC-DC		
8	直流升降压DC-DC		
9	正极接触器		
10	负极接触器		
11	动力电池包		
12	电池管理器		
13	车身控制单元BCM		
14	电机控制器		
15	驱动电机		
16	充电枪锁止电磁阀		
17	充电口拉扣		
18	双路电继电器		
19	直流充电继电器		

（3）绘制实车充电系统实物图，标注元件名称和动力流向，并展示评价。

七、评价反馈

组员进行自我评价、相互评价，完成学习评价表（见表4-1-7）的相应内容。

组间评价说明：

（1）操作评价。组员交叉进行元件认知评价。

（2）评价要求。组间评价表由评价人给予对应评价等级：单行全对的得"A"，错两个（含）以下得"B"，错两个以上得"C"。

表4-1-7 学习评价表

项目	评价内容			评价等级		
				A	B	C
自我评价	学到的知识点：					
	学到的技能点：					
	不理解的有：					
	还需要深化学习并提升的有：					
组内评价	○按时到场	○工装齐备	○书、本、笔齐全			
	○安全操作	○责任心强	○8S管理规范			
	○学习积极主动	○合理使用教学资源	○主动帮助他人			
	○接受工作分配	○有效沟通	○高效完成工作任务			
	名称	位置	作用			
	交流充电口					
	直流充电口					
	交流充电接触器					
	直流充电接触器正极					
	双路电继电器					
	车载充电器OBC					
	车身控制单元BCM					
	电机控制器					
小组评语及建议	他（她）做到了：			组长签名： 年 月 日		
	他（她）的不足：					
	给他（她）的建议：					
老师评语及建议				评价等级： 老师签名： 年 月 日		

八、学习资料

（一）电动汽车充电系统

1. 充电系统简介

电动汽车充电系统是维持电动汽车运行的能源补给设施，是从供电电源提取能量对动力电池充电时使用的有特定功能的电力转换装置，主要包括交流（慢速）充电系统和直流（快速）充电系统。慢速充电系统通过慢速充电线束（充电桩慢速充电线束或家用慢速充电线束）与交流充电桩或220 V家用交流插座相连，为动力蓄电池充电；慢速充电系统将220 V交流电转化为直流电，实现电动汽车动力蓄电池的电能补给，其充电路径如图4-1-11所示。快速充电系统通过直流充电桩对动力蓄电池组进行快速充电，其充电路径如图4-1-11所示，实现动力蓄电池组高效、安全的电量补给。快速充电系统的特点为充电功率大、充电时间短，但充电设备成本高。

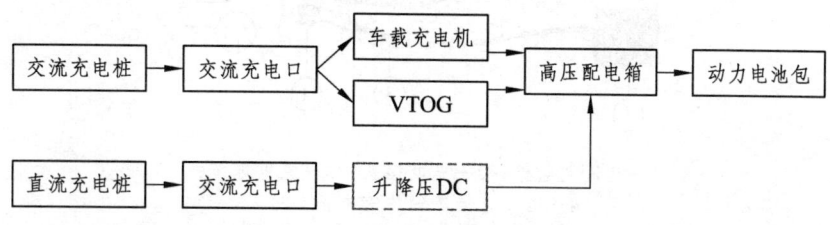

图 4-1-11　交直流充电路径

2. 电动汽车四种充电模式

（1）家用电插座充电模式一（见图4-1-12）：充电枪上没有控制盒，汽车充电的时候直接通过充电枪的线缆插到家用交流插座上进行充电，无法与车辆建立通信，充电时无法确认最大电流强度、电压、温度等。其充电方法由于所使用的充电插座与其他电源插座共用线路回路，如果总电量超过保护限值，则断路器跳闸，中断车辆充电，当电气安装过时或不符合规定时，则有火灾或电击风险，所以因其安全性差基本已经被淘汰了。

1—普通家用插座；2—用于普通家用插座的插头；3—充电电缆；
4—充电插头；5—车辆充电接口。

图 4-1-12　家用电插座充电模式一

（2）家用电插座充电模式二（见图4-1-13）：目前市面上的便携式充电枪主要的充电模式，是一种将EV连接到标准插座的方法，具有控制引导和个人电击保护系统。与第一种充电模式的区别就是加上了一个保护装置，也就是适配器，同时通过控制导线与车辆建立通信，可以在车辆和充电器之间交换充电参数。随车充一般采用该模式，充电电流较小，一般为8~16 A。

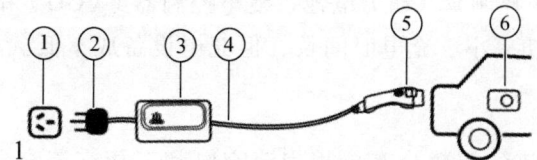

1—普通家用插座；2—用于普通家用插座的插头；3—集成式电缆箱；
4—充电电缆；5—充电插头；6—车辆充电接口。

图 4-1-13　家用电插座充电模式二

（3）交流充电桩（立柱、立柜、壁挂式）充电模式三（见图4-1-14）：其和前两种充电模式的区别在于，充电枪不连接家用交流电网，而是连接专用的交流电供电设备，也就是交流充电桩。这时的充电枪可以没有适配器，因为交流充电桩本身就起到保护作用，既可以保证充电的安全性，也能在一定程度上提高充电速度，能提供10 A/13 A/32 A/63 A多种电流充电。在交流充电桩进行充电时应注意：需具有剩余电流保护装置；采用单相供电时，电流应不大于32 A；采用三相供电时，电流应不大于63 A；采用三相供电时，电流大于32 A必须采用充电模式三。

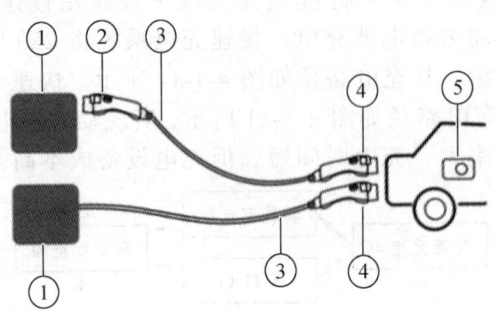

1—交流充电桩；2—充电插头；3—充电电缆；
4—用于连接车辆的充电插头；
5—车辆充电接口。

图4-1-14　交流充电桩（立柱、立柜、壁挂式）充电模式三

（4）直流充电桩（立柜式）充电模式四（见图4-1-15）：为直流充电模式，短时间内给电动汽车充电，它有高功率、高电压的工作条件，如专用充电站，一般不属于家用，而是专门设在快速充电站的。其充电电流大，电流一般为直流电80 A/125 A/200 A/250 A等，甚至更高，其充电速度快。但是直流充电对安装和成本要求非常高，同时长期直流充电会影响电池的寿命。

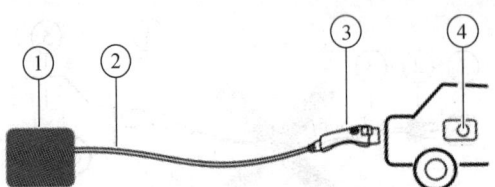

1—直流充电桩；2—充电电缆；
3—用于连接车辆的充电插头；
4—车辆充电接口。

图4-1-15　直流充电桩（立柜式）充电模式

（二）慢速充电系统的基本结构与原理

电动汽车慢速充电系统主要由供电设备（交流充电桩或家用交流电源）、充电枪、慢充充电接口、车载充电机、高压线束、高压控制盒、动力电池、整车控制器（VCU）和低压控制线束等部件组成。交流充电系统的特点为充电功率小、充电时间长，但充电设备成本低。

1. 交流充电的分类

慢速充电系统如果按交流的相数分有单相交流充电和三相交流充电；按交流充电的功率分有2 kW、3.3 kW、7 kW、40 kW交流充电；按使用位置分有交流充电桩、家用便携式充电枪（见图4-1-16）、壁挂式充电盒（见图4-1-17）。

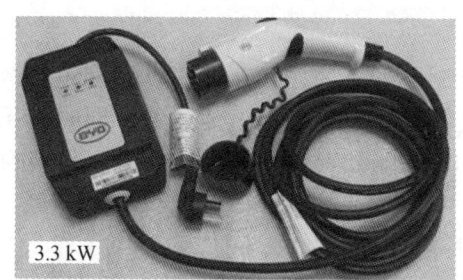
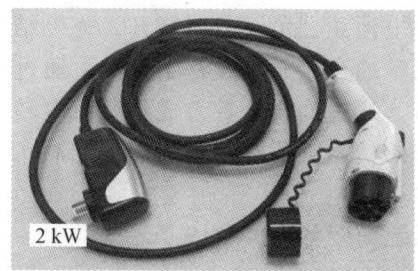

图 4-1-16 家用便携式充电枪

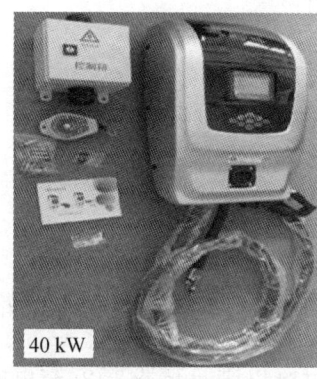
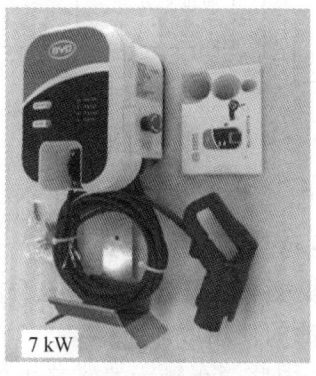
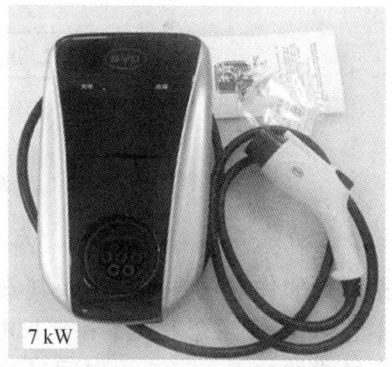

图 4-1-17 壁挂式充电盒

2. 慢速充电系统的工作原理

交流充电桩或家用 16 A 供电插座提供的交流电经过车载充电机的整流、滤波、升压，转换为高压直流电，通过高压控制盒连接到动力蓄电池，如图 4-1-18 所示。

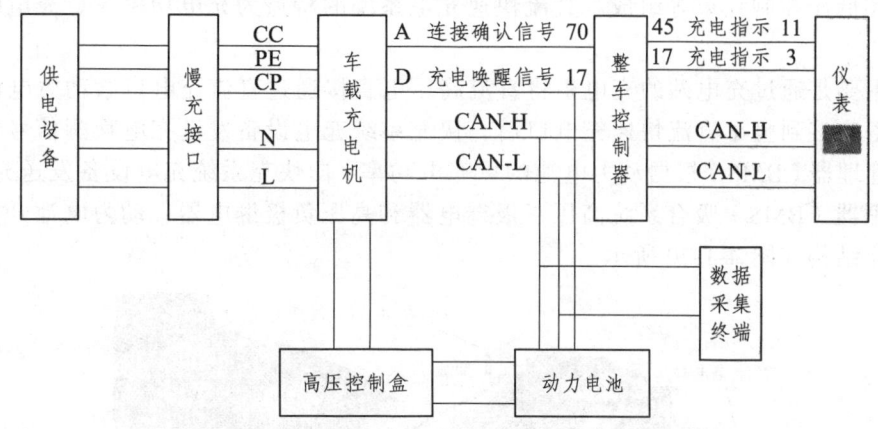

图 4-1-18 慢速充电系统结构与工作过程

（1）交流供电。将充电枪连接到交流充电桩或家用 16 A 供电插座，充电桩经充电枪向电动汽车输入交流电。

（2）充电唤醒。充电枪通过 CC 充电连接确认后，车载充电机向整车控制器（VCU）、电池管理系统（BMS）发出连接确认信号和充电唤醒信号，整车控制器（VCU）唤醒仪表显示连接状态。

（3）检测充电需求。电池管理系统（BMS）检测动力电池是否需要充电，计算所需充电电流。

（4）发送充电指令。电池管理系统（BMS）向车载充电机发送充电指令，动力电池管理模块控制动力蓄电池正、负接触器闭合，开始进行充电。

（5）充电过程。车载充电机将外部设备提供的 220 V 交流电整流为高压直流电储存到动力蓄电池。

（6）停止充电。电池管理系统（BMS）检测到充电完成后，给车载充电机发送指令，车载充机停止工作，电池正、负继电器断开，充电结束。

某电动汽车的交流充电过程主要是：通过交流充电桩、壁挂式充电盒以及家用便携式充电枪接入交流充电口，通过高压电控总成将交流电转为直流高压电给动力电池充电，同时高压电控总成里的车载充电器给信号唤醒电池管理器（BMS），BMS控制相对应的接触器闭合，使转换好的直流高压电给动力电池充电。

其充电系统简图如图4-1-19所示。

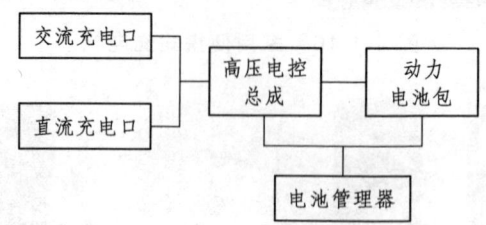

图 4-1-19　充电系统简图

3．纯电动汽车交流（慢速）充电系统的优缺点

慢充模式的优点：① 充电机及其安装成本比较低；② 可充分利用电力低谷时段进行充电，降低充电成本；③ 可提高充电效率和延长电池的使用寿命。

慢充模式的缺点：① 充电时间过长，因此当车辆需要紧急出行时难以满足要求；② 充电时占用停车场时间过长，因此对停车位的数量和环境的要求比较高。

（三）直流快速充电系统的基本结构与原理

电动汽车直流快速充电系统主要由直流充电桩、快充接口、高压控制盒、动力电池、整车控制器、高压线束和低压控制线束等组成。直流快速充电系统的特点为充电功率大、充电时间短，但充电设备成本高。

直流充电主要是通过充电站的充电柜将直流高压电直接通过直流充电口给动力电池充电。

当快充设备连接到整车直流快速充电口后，快充系统充电设备发送充电唤醒信号给电池管理器（BMS），电池管理器（BMS）根据动力电池的可充电功率，向快充系统充电设备发送充电电流指令。同时，电池管理器（BMS）吸合系统高压正极继电器和高压负极继电器，动力电池开始充电。某电动汽车直流快充结构如图4-1-20所示。

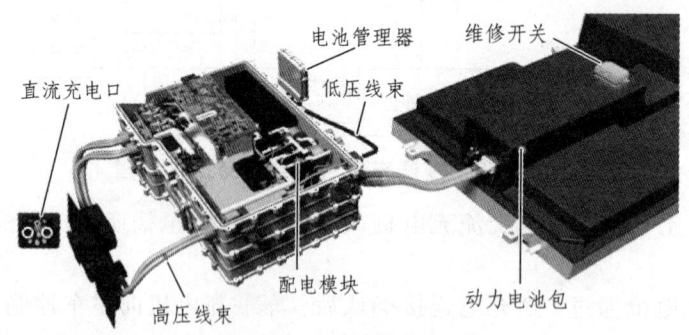

图 4-1-20　直流快充结构

在使用直流快充系统进行充电时需满足如下条件：

（1）充电连接确认信号CC1、CC2正常。

（2）BMS供电电源12 V正常。

（3）充电唤醒信号12 V输出正常。

（4）充电桩、整车控制器、BMS之间通信正常。

（5）动力电池电芯温度大于 5 ℃，小于 45 ℃。
（6）动力电池单体电压的最高与最低电压压差小于 300 mV。
（7）单体电池最高温度与最低温度差小于 15 ℃。
（8）绝缘性能 > 500 Ω/V。
（9）实际单体最高电压不大于额定单体电压 0.4 V。高、低压电路连接正常（远程开关关闭状态）。

  直流快充模式的优点是充电时间短，方便车辆的出行。快充模式的缺点增加了电网的载荷和冲击，同时也降低了电池的使用寿命。快充设备功率比较大，控制也比较复杂，因此成本高，安装时对接入电网的容量要求比较高。

学习活动二　充电系统电路绘制

一、学习目标

（1）能够在老师指引下，查阅资料，小组合作完成充电系统电路绘制的资讯检索。

（2）能够根据任务要求，制订工作计划，做出决策，并具体实施。

（3）能够查阅教学资源，小组合作完成充电系统电路识图，并描述识读方法。

（4）能够根据工作页指引，小组合作完成电池管理系统电路绘制，并展示评价。

（5）能够查阅教学资源，小组合作方式展示指定电路的走向。

（6）能够遵守新能源汽车高压安全操作规范，并执行活动过程的8S管理要求。

（7）能够按职业能力要求进行展示评价。

二、学习准备

设备：新能源汽车台架或整车、举升机等。

常用工具：绝缘工具车1套，配备常用扳手、套筒、螺丝刀等绝缘工具。

防护套件：绝缘手套、防酸碱手套、绝缘鞋、绝缘垫、护目镜等。

检测工具：数字钳形表、万用表。

资料：网络资源、维修手册、维修工单、高压安全操作规程。

分组：每组5~6人，小组讨论后，由组长按任务要求分配人员。

三、学习内容

充电系统电路绘制学习内容如图4-2-1所示。

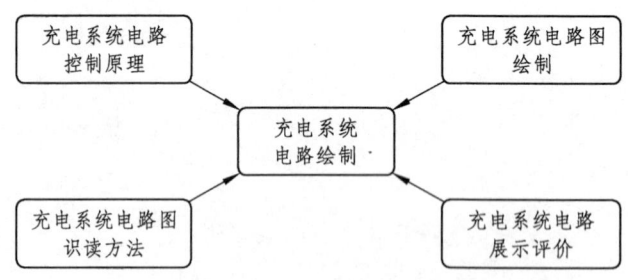

图4-2-1　充电系统电路绘制学习内容

四、引导问题

（1）查阅电路识图手册，在继电器盒图（见图4-2-2）的方框中标注直流充电继电器元件代码和继电器座端子号。

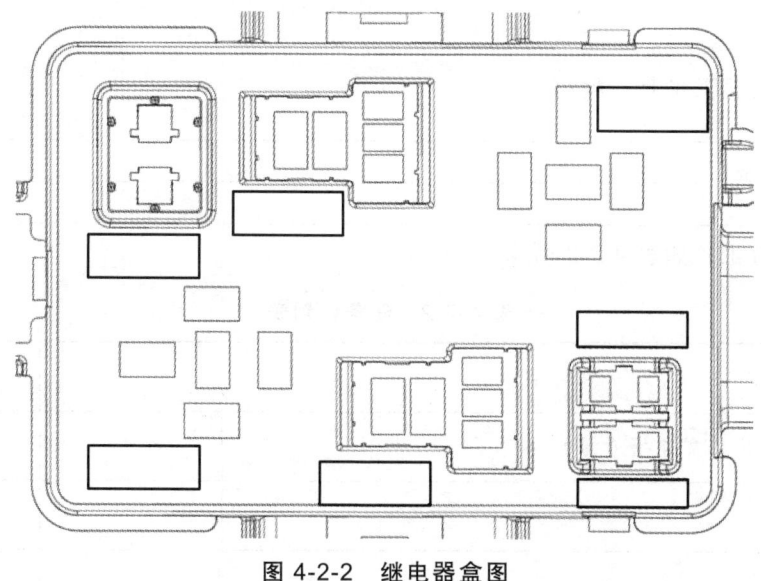

图 4-2-2 继电器盒图

（2）实车认知充电口，在充电接口表（见表 4-2-1）图中方框中填写线束或端子名称，并在表中说明充电口各端子的功能。

表 4-2-1 充电接口端子功能表

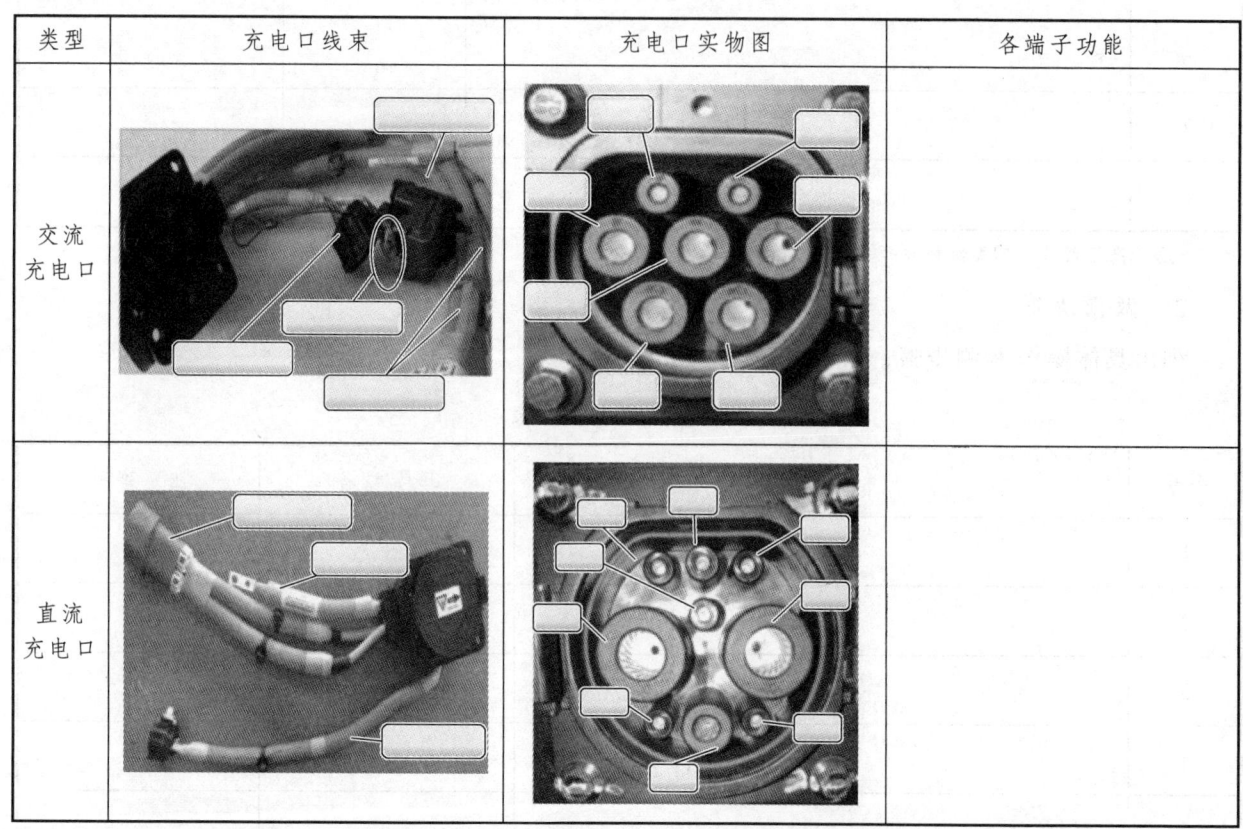

五、计划与决策

根据任务要求，确定需要的设备、工量具、耗材，对小组成员进行分工，制订详细的流程和计划。

1. 制订计划

（1）需要的设备、工量具、耗材、

① 实训设备：_____。

② 安全保护设备：_____。

③ 耗材：_____。

（2）小组成员分工，如表4-2-2所示。

表 4-2-2　任务计划表

序号	项　目	组　员	时间段
1	高压元件中英文查找（例）	×××	9:30—10:00
2			
3			
4			
5			
6			
7			
8			

提示：高压维修，需要维修技师+监护人。

2. 做出决策

列出具体操作/检测步骤，如表4-2-3所示。

表 4-2-3　任务决策表

序号	检测项目	工具/设备	注意事项
1			
2			
3			
4			
5			
6			
7			
8			

六、实施与控制

（1）实车查找充电系统接插件，绘制充电系统端子分布图，并标注指定端子号对应导线的颜色。完成充电系统接插件表（见表 4-2-4）。

表 4-2-4　充电系统接插件表

连接器/端子号	B2Q/18	B44（B）/7	BK45（B）/4
连接器颜色			
端子分布图及导线端子颜色			
连接器/端子号	B28（B）/7	B1F/10	G01/26
连接器颜色			
端子分布图及导线端子颜色			

（2）充电系统电路拆绘。

绘制实车充电系统电路图（含交、直流充电），标注元件名称、代码、内部结构、电路走向，以及电源、接地源头和 CAN 通信线，并展示评价。

七、评价反馈

组员进行自我评价、相互评价，完成学习评价表（见表 4-2-5）的相应内容。

组间评价说明：

（1）操作评价。组员交叉进行元件认知评价。

（2）评价要求。组间评价表由评价人给予对应评价等级：单行全对的得"A"，错两个（含）以下得"B"，错两个以上得"C"。

表 4-2-5　学习评价表

项目	评价内容				评价等级		
					A	B	C
自我评价	学到的知识点：						
	学到的技能点：						
	不理解的有：						
	还需要深化学习并提升的有：						
组内评价	○按时到场　　　○工装齐备　　　○书、本、笔齐全						
	○安全操作　　　○责任心强　　　○8S管理规范						
	○学习积极主动　○合理使用教学资源　○主动帮助他人						
	○接受工作分配　○有效沟通　　　○高效完成工作任务						
	端子号	元件名称	位置	导线颜色/保险丝额定容量			
	B2Q/6						
	B53（B）/2						
	B28（B）/1						
	B1F/8						
	B44（B）/3						
	BK45（B）/17						
小组评语及建议	他（她）做到了： 他（她）的不足： 给他（她）的建议：				组长签名： 　　年　　月　　日		
老师评语及建议					评价等级： 老师签名： 　　年　　月　　日		

134

八、学习资料

（一）充电接口的结构与原理

1. 充电口总成位置

某型号电动汽车充电口总成隐藏在车头的中央格栅后面，如图 4-2-3 所示，通过拉动驾驶室右下方的充电口盖拉锁，该格栅弹起后可看到充电口总成，分别布置着交流充电口和直流充电口，充电接口有照明灯。不同厂家的纯电动汽车充电口的位置不一样，因车而异。

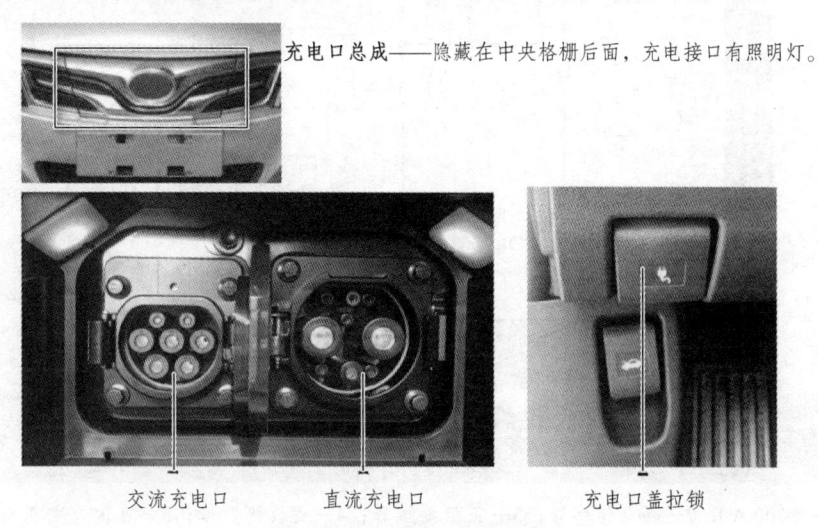

图 4-2-3 充电口总成位置

2. 交流充电口的结构与原理

（1）车辆交流充电口端子及定义如图 4-2-4 所示。

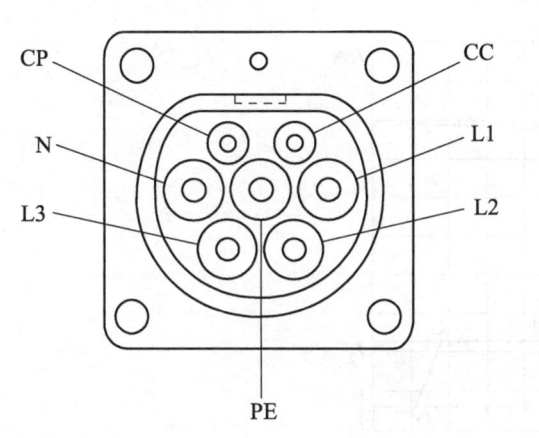

L1：A 相	PE：地线
L2：B 相/预留	CC：充电连接（车载充电器输出 5 V 或 12 V）
L3：C 相/预留	CP：控制确认（充电设备输出 12 V）
N：中性线	—

图 4-2-4 交流充电口端子及定义

国标统一标准的七星孔交流充电口，三相交流充电口与单相交流充电口的区别主要在于 NC1 和 NC2，单相交流充电口 NC1 和 NC2 是预留的空脚。其中，PE 为地线；CC 为充电连接，由车载充电控制器输出的 5 V 或者 12 V 的充电检测电压；CP 为控制确认线，由充电设备输出 12 V 的检测电压（国标统一标准）。

（2）交流充电原理。

某型号电动汽车车载充电机安装于高压电控四合一总成内部。当车辆需要充电时，插上交流充电枪后，车辆充电器接收到充电枪的信号，控制车内接触器闭合，220 V 的交流电经过充电枪到车载充电器（OBC），经过车载充电器的转换（交流变直流）和升压，最后把转换和升压后的高压电经车内接触器输送给动力电池充电，如图4-2-5所示。

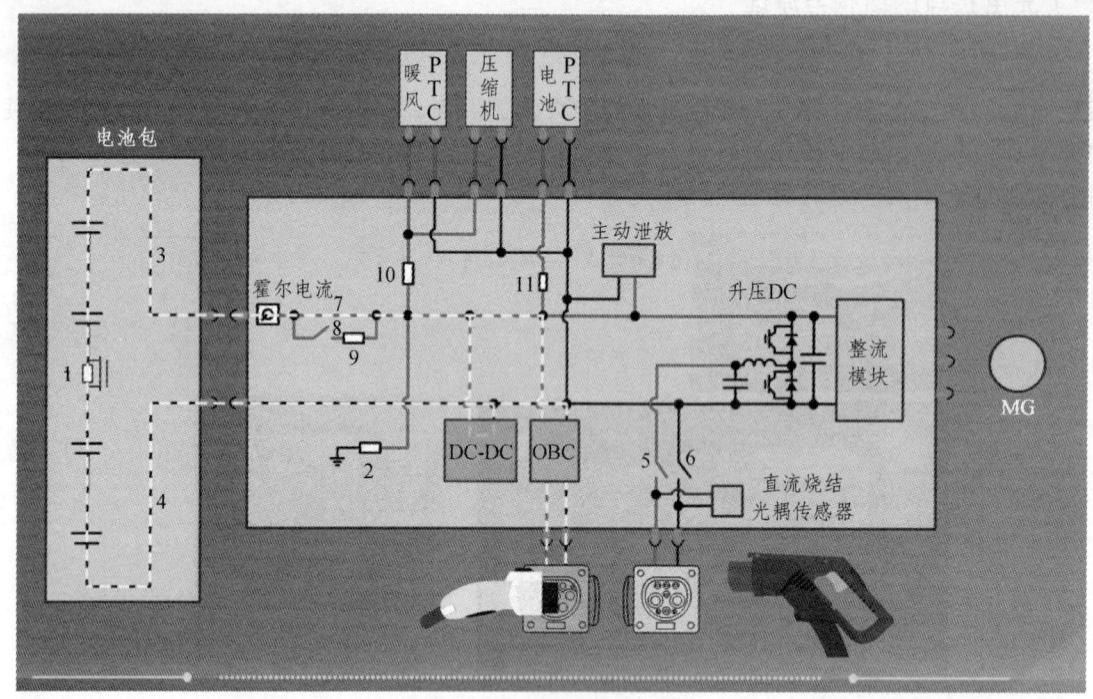

1—维修开关（300 A）；2—漏电传感器；3—正极接触器；4—负极接触器；5—直流充电正极接触器；6—直流充电负极接触器；7—放电主接触器；8—预充接触器；9—预充电阻（100 Ω）；10—空调保险（32 A）；11—电池加热器保险（32 A）。

图 4-2-5　交流充电工作原理

其充电过程中的交流充电流程分析如图 4-2-6 所示。

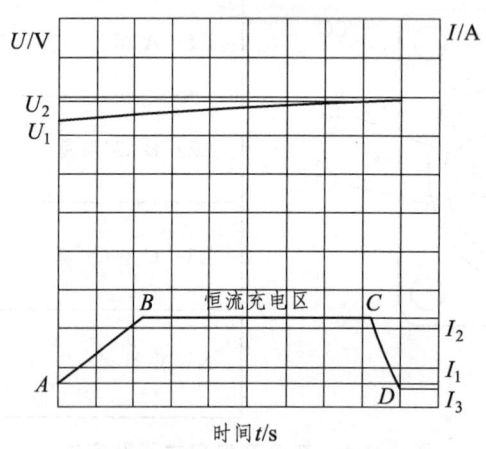

图 4-2-6　充电曲线

第一步：预充电（$A \to B$）。

仅在电池组电压低于 U_2 时进入预充电过程（电池组电压低于 U_1 时充电机不启动），以 I_1 进行充电，电压升高到 U_2 时结束预充电过程。

第二步：恒流充电（$B \to C$）。

以 I_2 进行恒流充电，电压升高到 U_2 时结束恒流充电过程。

第三步：恒压充电（$C \to D$）。

以 U_2 进行恒压电流充电，电流降低到 I_3 时结束整个充电过程。

充电成功后，仪表中的右上角红色充电指示灯点亮，同时仪表显示"连接已成功，正在充电中""当前电量""充电功率""预计充满时间"等。

3. 直流充电口的结构与原理

电动汽车的直流充电口都是采用符合国标要求的九星孔充电口，其结构与定义如图 4-2-7 所示。

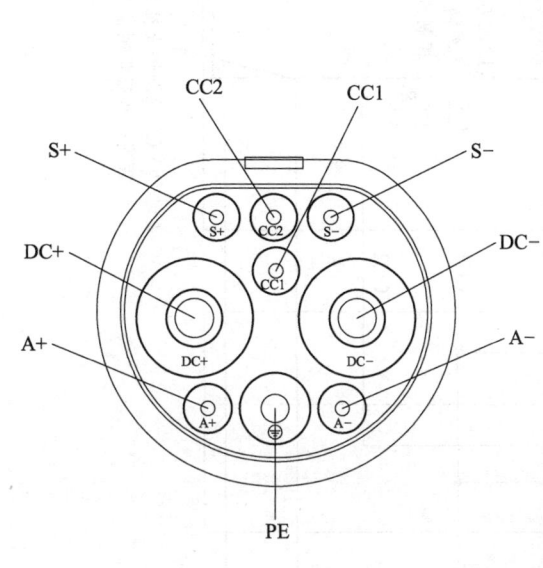

端子号	端子号含义	作用
DC+	直流电源正极线	连接直流电源正和电池正极
DC-	直流电源负极线	连接直流电源负和电池负极
PE	保护性接地线	连接供电设备地线和车辆车身地线
S+	充电通信 CAN—H 线	连接非车载充电机与电动汽车的通信线
S-	充电通信 CAN—L 线	连接非车载充电机与电动汽车的通信线
CC1	充电连接确认线	充电设备确认连接状态
CC2	充电连接确认线	车辆确认连接状态
A+	低压辅助电源正极线	连接非车载充电机为电动汽车提供的低压辅助电源
A-	低压辅助电源负极线	连接非车载充电机为电动汽车提供的低压辅助电源

图 4-2-7 直流充电口结构与端子定义

车上直流充电口实物图如图 4-2-8 所示。

直流充电口

图 4-2-8 直流充电口

（二）直流充电原理

当将直流充电枪插在车上直流充电口后，首先充电枪上的辅助电源（A+ 和 A-）给车辆控制装置提供工作电源，然后车端的 CC2 检测到直流充电枪端的电阻 R_3，电压被拉低，告知车辆充电枪已连接成功，准备充电，从而控制车内的直流充电的正负极接触器（K_5、K_6）闭合；其次是直流充电枪口端的 CC1 检测到车上直流充电口端的电阻 R_4，告知充电设备准备充电，从而控制充电桩的直流正负极接触器（K_1、K_2）闭合，同时通过 CAN 总线（S+和 S-）识别到车上动力电池的额定电压信息，直流充电设备接收该信息，从而控制 K_1 和 K_2 端输出合适的直流电对车上的动力电池充电，而且 CAN 总线（S+和 S-）还监测充电过程中的相关信息，使充电设备与车辆在充电过程中时刻保持通信，其结构原理图如图 4-2-9 所示。

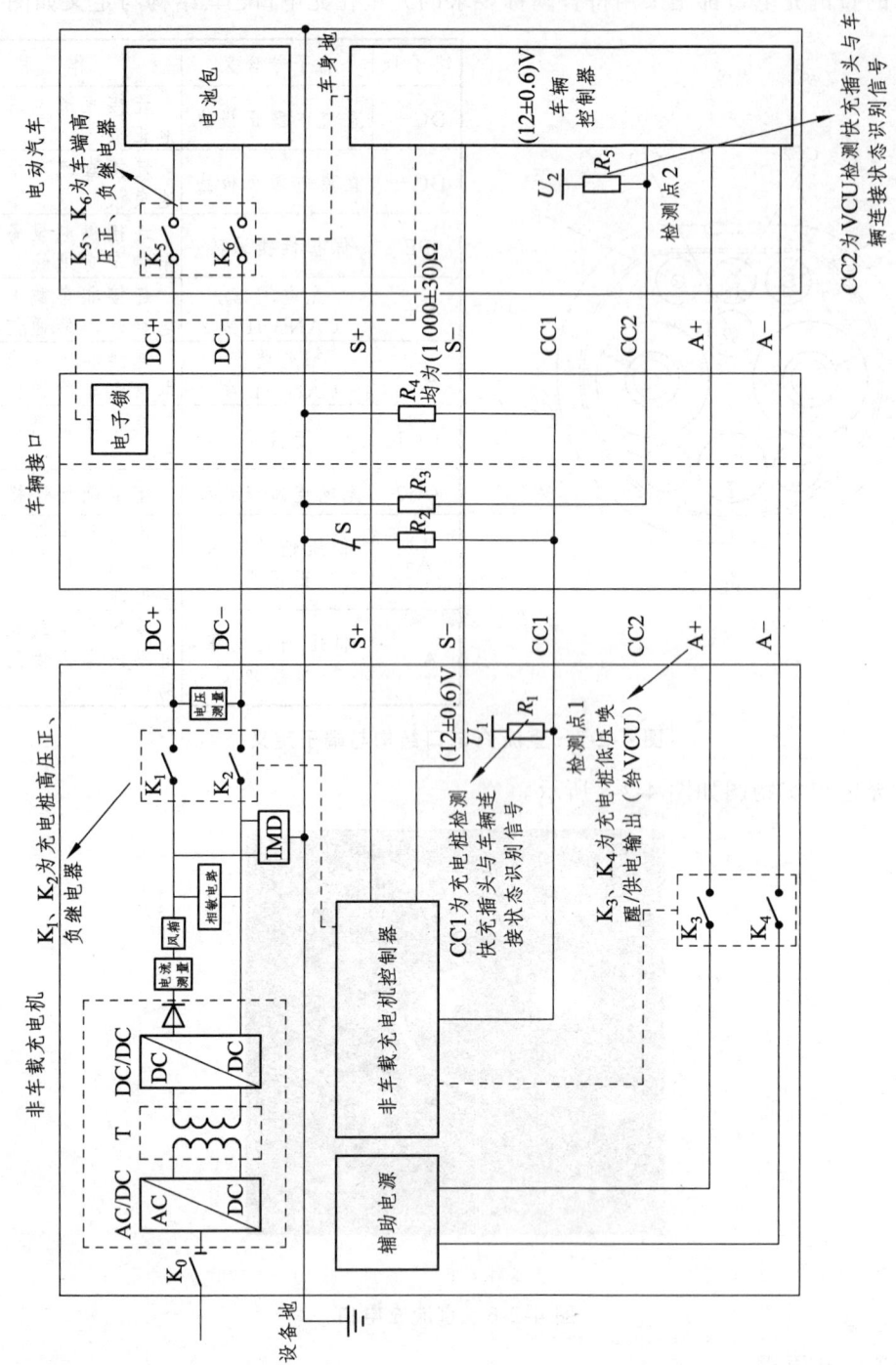

图 4-2-9　直流充电枪口与车上直流充电口对接图

直流充电与交流充电一样，在充电过程中同时也给车上的辅助蓄电池充电。在直流充电桩工作时，辅助电源给主控单元、显示模块、保护控制单元、信号采集单元及刷卡模块等控制系统进行供电。另外，在动力电池充电过程中，辅助电源给 BMS 系统供电，由 BMS 系统实时监控动力电池的状态。

学习活动三　动力电池系统充电异常故障排除

一、学习目标

（1）能够在老师指引下，查阅资料，小组合作完成动力电池系统充电异常的资讯检索。
（2）能够根据任务要求，制订工作计划，做出决策，并具体实施。
（3）能够查阅教学资源，小组合作完成充电系统元器件检测，并判断性能。
（4）能够根据工作页指引，小组合作完成动力电池系统充电异常的 PPT 制作，并展示评价。
（5）能够遵守新能源汽车高压安全操作规范，并执行活动过程的 8S 管理要求。
（6）能够按职业能力要求进行展示评价。

二、学习准备

设备：新能源汽车台架或整车、车辆举升机、动力电池托举机等。
常用工具：绝缘工具车 1 套，配备常用扳手、套筒、螺丝刀等绝缘工具。
防护套件：绝缘手套、防酸碱手套、绝缘鞋、绝缘垫、护目镜、pH 试纸等。
检测工具：数字钳形表、万用表。
资料：网络资源、维修手册、维修工单、高压安全操作规程。
分组：每组 5~6 人，小组讨论后，由组长按任务要求分配人员。

三、学习内容

动力电池系统充电异常故障排除学习内容如图 4-3-1 所示。

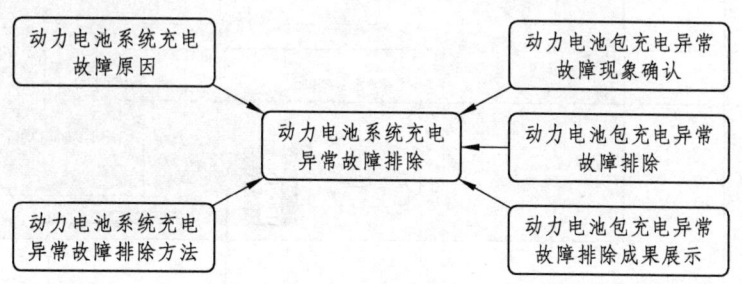

图 4-3-1　动力电池系统充电异常故障排除学习内容

四、引导问题

（1）查阅教学资源，分析动力电池系统充电异常故障原因，完成充电异常故障原因分析表（见表 4-3-1）。

表 4-3-1　充电异常故障原因分析表

序号	故障名称	故障现象	故障原因
1		车辆在使用充电桩充电时，充电桩指示灯亮，充电器电源工作灯亮，车辆无法充电	动力电池控制器故障、动力电池故障、通信故障
2	充电时充电桩跳闸		充电器内部短路
3	充电器指示灯不亮	车辆在使用充电桩充电时，充电器指示灯不亮，车辆无法充电	
4		车辆在使用充电桩充电时，充电桩显示车辆未连接，无法充电	充电枪端的 CC 与 PE 的电阻故障，车端 CC 线路故障
5	动力电池继电器未闭合		充电唤醒信号中断或互锁电路故障
6	充电电流为 0	充电桩显示屏可以正常触屏，故障指示灯不亮，刷卡也正常，但显示充电电流为 0，车辆无法充电	
7		充电桩显示屏可以正常触屏，故障指示灯不亮，刷卡无反应，车辆无法充电	读卡器线路故障，读卡器故障，IC 卡磁被磁化
8	汽车仪表显示充电连接中		充电设备 CP 线路故障，车端 CP 线路故障
9	家用便携式充电枪无法充电	家用便携式充电枪无法充电，但外面的充电桩可以充电	
10	低压无 13.5～14 V 输出		DC-DC 本身故障，DC-DC 保险故障

（2）查阅教学资源，分析直流充电口、充电枪主要参数，完成作答。

① 分析充电系统电路图（见图 4-3-2），指出直流充电的电流走向，并用彩色笔标记。

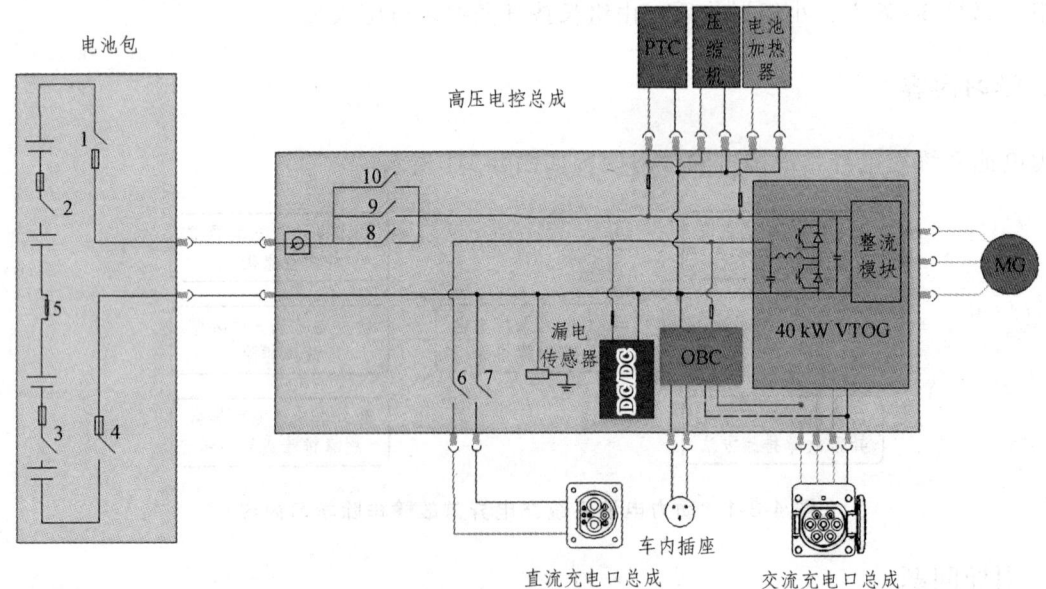

1—正极接触器；2—分压接触器 1；3—分压接触器 2；4—负极接触器；5—维修开关；
6—直流充电正极接触器；7—直流充电负极接触器；8—主接触器；
9—充电接触器；10—预定接触器。

图 4-3-2　充电系统电路图

② 故障原因分析。

查找维修手册和教学资源，列举动力电池系统充电异常可能的原因，完成鱼骨图（见图 4-3-3）。

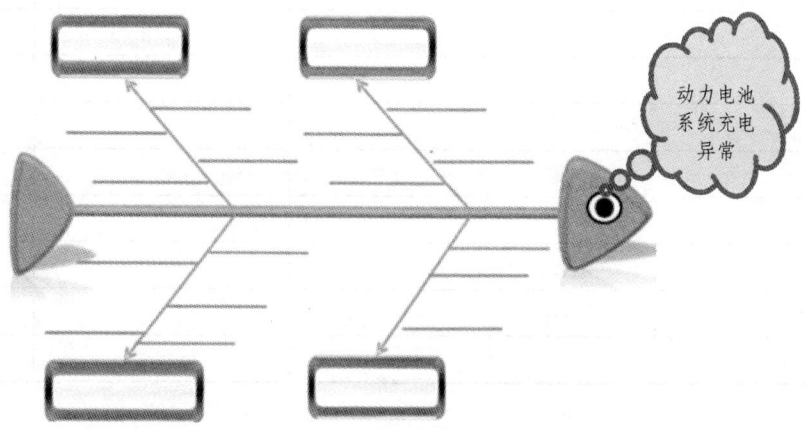

图 4-3-3　动力电池系统充电异常鱼骨图

五、计划与决策

根据任务要求，确定需要的设备、工量具、耗材，对小组成员进行分工，制订详细的流程和计划。

1. 制订计划

（1）需要的设备、工量具、耗材。

① 实训设备：_____。

② 安全保护设备：_____。

③ 耗材：_____。

（2）小组成员分工，如表 4-3-2 所示。

表 4-3-2　任务计划表

序号	项目	组员	时间段
1	高压元件中英文查找（例）	×××	9:30—10:00
2			
3			
4			
5			
6			
7			
8			

提示：高压维修，需要维修技师+监护人。

2. 做出决策

列出具体操作/检测步骤，如表 4-3-3 所示。

表 4-3-3　任务决策表

序号	检测项目	工具/设备	注意事项
1			
2			
3			
4			
5			
6			
7			
8			

六、实施与控制

1. 高压维修安全操作步骤

查阅维修手册及相关资源，参考高压维修安全图（见图 4-3-4），列举新能源汽车高压维修操作注意事项：

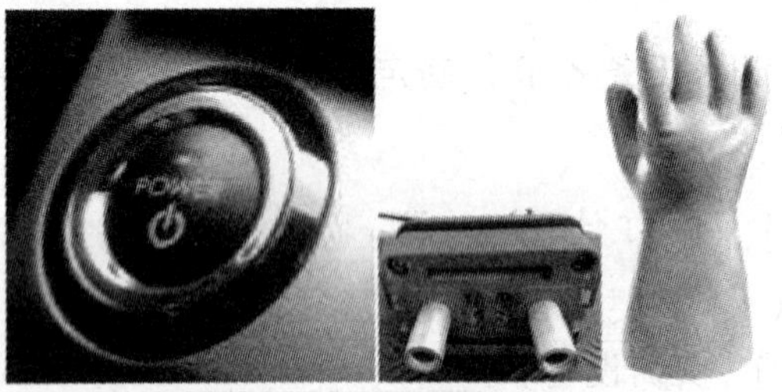

图 4-3-4　高压维修安全图

2. 确认故障现象

点火开关打至 ON 挡，观察仪表相关指示灯，完成仪表指示灯检查确认表 4-3-4。

表 4-3-4　仪表指示灯检查确认表

OK 灯	□点亮；□正常	动力电池切断警告灯	□点亮；□正常
动力系统警告灯	□点亮；□正常	SOC 状态	□点亮；□正常
充电警告灯	□点亮；□正常	其他故障灯及提示	

3. 读取故障信息

使用诊断仪进行初步诊断，读取故障信息。
（1）读取故障代码及内容（见表 4-3-5）。

表 4-3-5　故障代码内容

清除前	
清除后	

（2）使用诊断仪读取车辆相关数据，并填写车辆数据表（只填写与故障相关的数据流，见表 4-3-6）。

表 4-3-6　车辆数据表

项　目	数　值	单　位	判　断

4. 初步确定故障范围

结合仪表现象、诊断数据和电路图分析，最有可能的故障范围：

（1）_____。
（2）_____。
（3）_____。
（4）_____。

5. 初步检查

（1）线路/连接器外观及连接情况　□正常　□不正常：_____。
（2）零件安装等　□正常　□不正常：_____。

6. 故障检查与排除。

低压元件：线路/部件检查（先电压，后电阻），完成线路/元件检查表（见表 4-3-7）。

表 4-3-7　线路/元件检查表

序号	检测项目	检测端子	检测条件	检测结果	初步判断
1					
2					
3					
4					
5					
6					
7					
8					
9					
10					

7. 故障部位确认与排除（见表 4-3-8）

表 4-3-8　故障部位确认与排除

故障类型	确认故障的位置	排除处理说明
线路故障		□更换□维修□调整
元件故障		□更换□维修□调整

8. 场地恢复

场地恢复、现场进行8S管理。

七、评价反馈

组员进行自我评价、相互评价，完成学习评价表（见表4-3-9）的相应内容。

组间评价说明：

（1）操作评价。组员交叉对故障进行评价。

（2）评价要求。组间评价表由评价人给予对应评价等级：单行全对的得"A"，错两个（含）以下得"B"，错两个以上得"C"。

表4-3-9 学习评价表

项目	评价内容	评价等级		
		A	B	C
自我评价	学到的知识点：			
	学到的技能点：			
	不理解的有：			
	还需要深化学习并提升的有：			
组间评价	○按时到场　　　○工装齐备　　　○书、本、笔齐全			
	○安全操作　　　○责任心强　　　○8S管理规范			
	○学习积极主动　○合理使用教学资源　○主动帮助他人			
	○接受工作分配　○有效沟通　　　○高效完成工作任务			
	动力电池系统充电异常故障检修总结评价			
	PPT制作能力			
	展示能力			
	诊断能力			
	创新能力			
	8S管理			
小组评语及建议	他（她）做到了：	组长签名： 　　　年　　月　　日		
	他（她）的不足：			
	给他（她）的建议：			
老师评语及建议		评价等级： 老师签名： 　　　年　　月　　日		

八、学习资料

（一）充电系统常见故障

汽车充电故障大致可分为两类：第一类，物理连接完成，但无法充电；第二类，充电中途停止充电。其常见故障类型包括车辆无法充电、充电时充电桩跳闸、充电器指示灯不亮、充电桩显示未连接、动力电池继电器未闭合、充电电流为 0、无法刷卡、汽车仪表显示充电连接中、便携式充电枪无法充电、低压无 13.5~14 V 输出等（见表 4-3-10）。

表 4-3-10　车辆充电系统常见故障原因分析表

序号	故障名称	故障现象	故障原因
1	车辆无法充电	车辆在使用充电桩充电时，充电桩指示灯亮，充电器电源工作灯亮，车辆无法充电	动力电池控制器故障、动力电池故障、通信故障
2	充电时充电桩跳闸	车辆在使用充电桩充电时，出现充电桩跳闸，充电器无法充电	充电器内部短路
3	充电器指示灯不亮	车辆在使用充电桩充电时，充电器指示灯不亮，车辆无法充电	充电器内部故障、充电唤醒信号中断或互锁电路故障
4	充电桩显示车辆未连接	车辆在使用充电桩充电时，充电桩显示车辆未连接，无法充电	充电枪端的 CC 与 PE 的电阻故障，车端 CC 线路故障
5	动力电池继电器未闭合	车辆在使用充电桩充电时，充电桩显示车辆已连接，无法充电	充电唤醒信号中断或互锁电路故障
6	充电电流为 0	充电桩显示屏可以正常触屏，故障指示灯不亮，刷卡也正常，但显示充电电流为 0，车辆无法充电	充电桩主控板故障，继电器模块电源线路故障
7	无法刷卡	充电桩显示屏可以正常触屏，故障指示灯不亮，刷卡无反应，车辆无法充电	读卡器线路故障，读卡器故障，IC 卡磁被磁化
8	汽车仪表显示充电连接中	汽车仪表充电指示灯点亮，但一直显示充电连接中，车辆无法充电	充电设备 CP 线路故障，车端 CP 线路故障
9	便携式充电枪无法充电	家用便携式充电枪无法充电，但外面的充电桩可以充电	便携式充电枪故障，家用电缺少地线
10	低压无 13.5~14 V 输出	仪表点亮低压充电指示灯，车辆有高压电	DC-DC 本身故障，DC-DC 保险故障

（二）充电原理

在充电枪连接以后，双向交流逆变式电机控制器（VTOG）能够接收到充电口传输来的 CC 信号，完成自检，并控制仪表的充电指示灯点亮，如图 4-3-5 所示。然后 VTOG 把 CC 信号传递给 BCM 并激活车身控制单元（BCM），BCM 控制双路电继电器（IG1、IG3）吸合。双路电继电器吸合后，就会给 BMS、直流-直流转换器（DC-DC）、VTOG 及网关等相关模块供电，唤醒相应的模块。

接下来 VTOG 把 CC 信号传输给 BMS，激活 BMS 自检，主要检测 BMS 的绝缘情况、SOC、单体电池的电压、均衡情况和温度等。如果 BMS 检测到动力电池组正常，则控制预充接触器与交流充电接触器闭合。CP 信号代表的是 VTOG 能够接收到有效的交流电信号，VTOG 和 BMS 就进入持续充电状态。如果此时检测 VTOG 的交流充电设备接收到 CP 信号，则无故障。

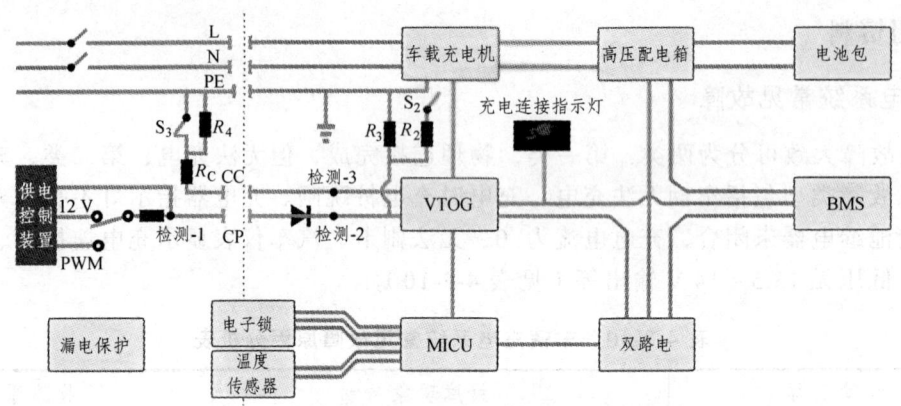

图 4-3-5 充电原理图

（三）充电系统诊断流程

当车辆发生动力电池充电异常故障时，需要遵循由简单到复杂的诊断流程，要判断故障是属于车辆故障，还是外部充电设备故障。因此，首先检查外部充电设备是否正常，如果充电设备正常，则检查车辆自身故障。其诊断流程如图 4-3-6 所示。

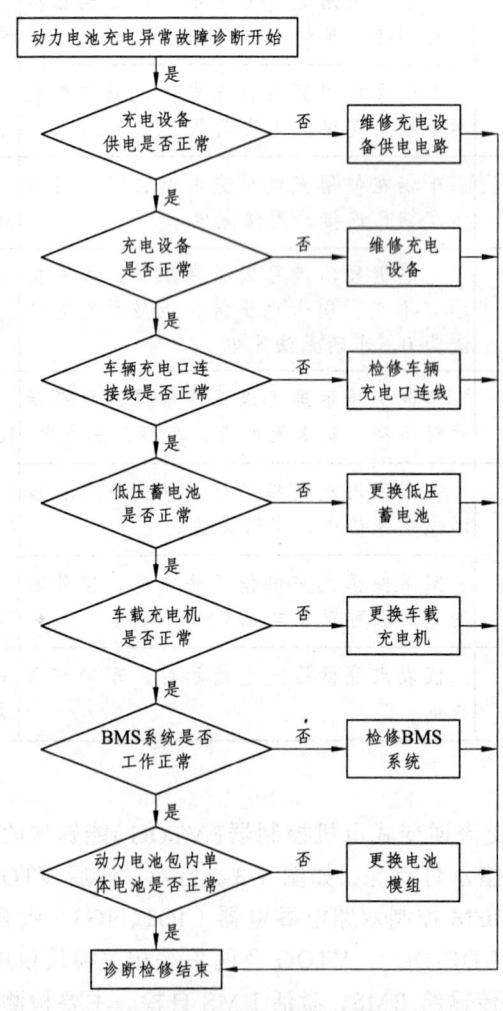

图 4-3-4 动力电池充电异常故障诊断流程图

通过流程图可以发现，在进行动力电池充电异常故障检修时，首先结合故障现象，排除车辆外故障，再进行车辆自身检测，并结合诊断工具进行检测诊断，判断确定故障范围。

学习活动四　车载充电机拆装与检测

一、学习目标

（1）能够在老师指引下，查阅资料，小组合作完成车载充电机拆装与检测的资讯检索。
（2）能够根据任务要求，制订工作计划，做出决策，并具体实施。
（3）能够查阅教学资源，独立完成充电枪检测，并判断性能。
（4）能够根据工作页指引，小组合作完成车载充电机拆装与检测，检测交流充电波形，并展示评价。
（5）能够遵守新能源汽车高压安全操作规范，并执行活动过程的8S管理要求。
（6）能够按职业能力要求进行展示评价。

二、学习准备

设备：新能源汽车台架或整车、车辆举升机、动力电池托举机等。
常用工具：绝缘工具车1套，配备常用扳手、套筒、螺丝刀等绝缘工具。
防护套件：绝缘手套、防酸碱手套、绝缘鞋、绝缘垫、护目镜、pH试纸等。
检测工具：数字钳形表、万用表。
资料：网络资源、维修手册、维修工单、高压安全操作规程。
分组：每组5~6人，小组讨论后，由组长按任务要求分配人员。

三、学习内容

车载充电机拆装与检测学习内容如图4-4-1所示。

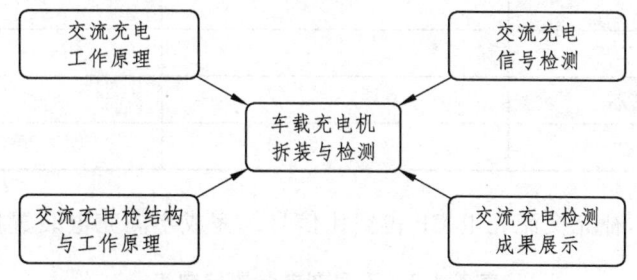

图4-4-1　车载充电机拆装与检测学习内容

四、引导问题

（1）查阅教学资源，分析车载充电器的作用、原理，完成作答。
① 车载充电器（On-Board Charger）简称_____，它的作用：将交流充电口传递过来的（220 V/50 Hz）_____转换为_____为动力电池充电。
② 某型号电动汽车原版四合一 3.3 kW 功率以内的单相交流充电均是通过_____进行的，而功率大于 3.3 kW 的交流充电（含单相和三相交流）是通过_____进行的。
③ 某型号电动汽车简版四合一车载充电器功率为_____，因此减少了VTOG充电，减轻了质量，

提升了续航里程。

④ 分析两种不同四合一车载充电器的特点，完成车载充电器特点表（见表 4-4-1）。

表 4-4-1　不同四合一车载充电器特点表

四合一类型（原版/简版）（见图 4-4-2）： 交流充电类型：（带/不带 VTOG 充电） 交流充电功率： DC-DC 升降压配置（有/无）：	四合一类型（见图 4-4-3）： 交流充电类型：（带/不带 VTOG 充电） 交流充电功率： DC-DC 升降压配置（有/无）：
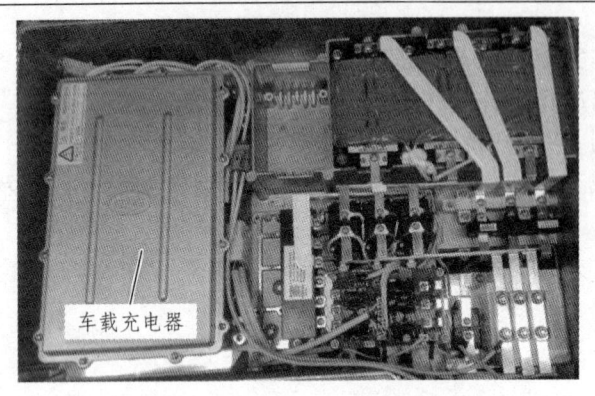 图 4-4-2　四合一类型（原版/简版）	 图 4-4-3　四合一类型

（2）查阅教学资源，分析交流充电口、充电枪主要参数，完成作答。

① 国标统一标准的七星孔交流充电口。其中，PE 为＿＿＿＿＿＿＿＿；CC 为＿＿＿＿＿＿＿＿＿线，由＿＿＿＿＿＿＿＿ 输出的 5 V 或者 12 V 的充电检测电压；CP 为＿＿＿＿＿＿＿＿＿线，由＿＿＿＿＿＿＿＿输出 12 V 的检测电压（国标统一标准）。

② 补充完成不同充电装置性能表（见表 4-4-2）。

表 4-4-2　不同充电装置性能表

功　率	允许输出最大电流	枪端 CC 与 PE 之间的电阻
2 kW 充电枪		
3.3 kW 充电枪		
7 kW 充电盒或充电桩		
40 kW 充电盒		

（3）查阅教学资源，补充交流充电 CP 占空比信号，完成不同充电装置控制表（见表 4-4-3）。

表 4-4-3　不同充电装置控制表

充电设备功率	CP 占空比（D）/%
3.3 kW 充电枪	20%～30%
7 kW 充电盒或充电桩	35%～50%
40 kW 充电盒	70%～80%

（4）查阅教学资源，分析交流充电原理图（见图 4-4-4），简述交流充电过程。

① ＿＿＿

② ＿＿＿

③ _____
④ _____
⑤ _____
⑥ _____
⑦ _____

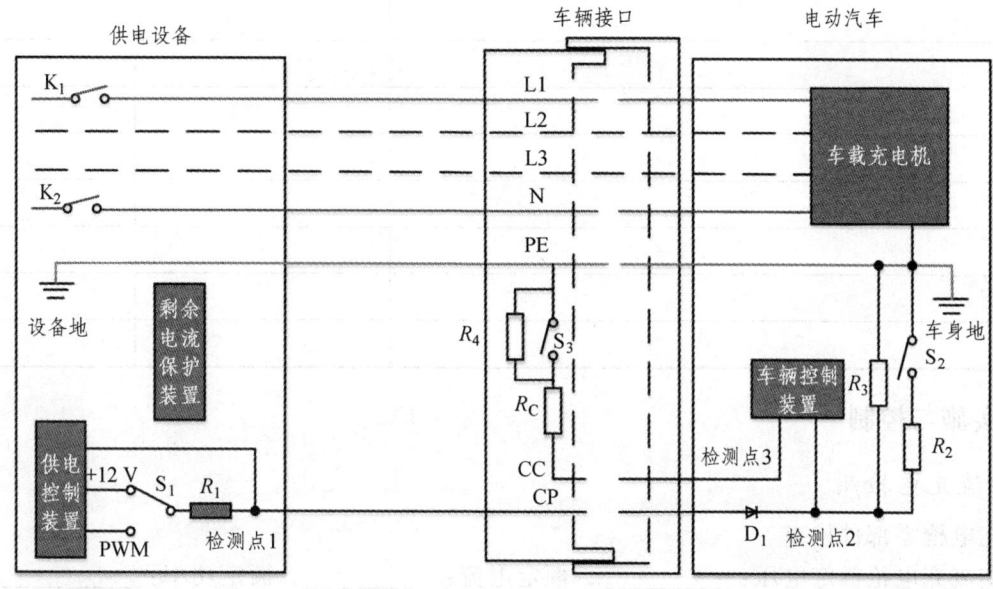

图 4-4-4　交流充电原理图

五、计划与决策

根据任务要求，确定需要的设备、工量具、耗材，对小组成员进行分工，制订详细的流程和计划。

1. 制订计划

（1）需要的设备、工量具、耗材。

① 实训设备：_____。

② 安全保护设备：_____。

③ 耗材：_____。

（2）小组成员分工，如表 4-4-4 所示。

表 4-4-4　任务计划表

序号	项　　目	组　员	时间段
1	高压元件中英文查找（例）	×××	9:30—10:00
2			
3			
4			
5			
6			
7			
8			

提示：高压维修，需要维修技师+监护人。

2. 做出决策

列出具体操作/检测步骤，如表 4-4-5 所示。

表 4-4-5 任务决策表

序号	检测项目	工具/设备	注意事项
1			
2			
3			
4			
5			
6			
7			
8			

六、实施与控制

1. 交流充电检测

（1）充电枪零部件检查。

所测交流充电枪额定电压：_____，额定电流：_____，额定功率：_____。检测交流充电枪，完成交流充电枪检测表（见表 4-4-6）。

表 4-4-6 交流充电枪检测表

检测部件及参数	检测条件	检测值
R_C 电阻	任何时候	
R_4 电阻	任何时候	
S_3 开关	按钮压下	
	按钮弹起	
温度传感器	常温	
	加热	
CC-PE 电阻值	按钮压下	
	按钮弹起	

交流充电枪内部结构图

（2）参考交流充电线束部件图（见图 4-4-5），检测充电枪锁止电磁阀——车辆端，完成充电枪锁止电磁阀检测表（见表 4-4-7）。

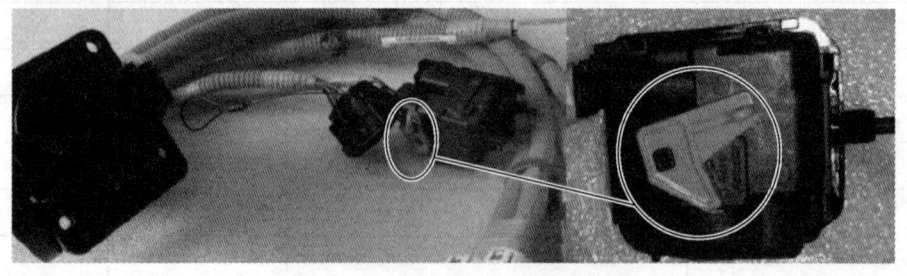

图 4-4-5 交流充电线束部件图

表 4-4-7 充电枪锁止电磁阀检测表

检测部件及参数	检测端子	检测条件	检测值
锁枪电磁阀电阻		任何时候	
位置传感器电阻		锁止	
		解锁	

（3）交流充电器（桩）绝缘检测，填写表 4-4-8。

表 4-4-8 交流充电器（桩）绝缘检测

输入端绝缘阻值	输出端绝缘阻值
L-PE：	L-PE：
N-PE：	N-PE：

注：进行任何高压系统检测均必须检查并佩戴绝缘手套，如图 4-4-6 所示。

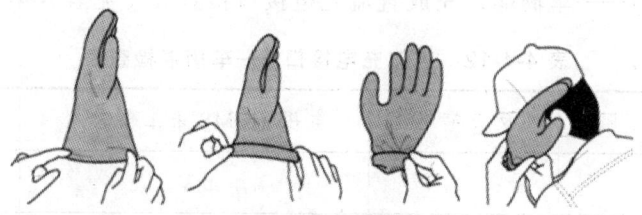

图 4-4-6 检查绝缘手套

2. 交流充电信号检测

（1）依据维修手册，利用万用表检测实车充电信号端子，并完成充电连接信号检测表（见表 4-4-9）。

表 4-4-9 充电连接信号检测表

信号名称	检测端子	检测条件	检测值
充电连接 CC		未插枪→（插枪→拔枪——3 次循环）	
充电导引 CP		未插枪→（插枪瞬间→插枪→充电）	

（2）波形检测。

① CC 波形检测。

按同样的检测步骤：未插枪→（插枪→拔枪——3 次循环）进行检测，绘制波形并分析，将波形图绘制于表（见表 4-4-10）中。

表 4-4-10 充电信号 CC 电压波形

单格时间：_____。 单格电压：_____。 最大值：_____。 最小值：_____。 周　期：_____。 频　率：_____。	

② CP 波形检测。

按同样的检测步骤：未插枪→（插枪瞬间→插枪——充电）进行检测，绘制波形并分析，将波形图绘制于表（表 4-4-11）中。

表 4-4-11　充电信号 CP 电压波形

单格时间：_____。								
单格电压：_____。								
最大值：_____。								
最小值：_____。								
周　　期：_____。								
频　　率：_____。								
脉　　宽：_____。								

3. 直流充电检查

（1）检测直流充电口——车辆端，完成直流充电接口检查表（见表 4-4-12）。

表 4-4-12　直流充电接口——车辆端检查表

车端充电口	电阻	反表笔测	电压（BMS 未工作时）	电压（BMS 工作时）
CC1 与 PE			0 V	0 V
CC2 与 PE			0.1 V	5 V（12 V，因车而异）

（2）检测直流充电口——充电枪端，完成直流充电接口检查表（见表 4-4-13）。

表 4-4-13　直流充电接口——充电枪端检查表

枪端充电口	电阻（未按下 S 开关）	电阻（按下 S 开关）	电压
CC1 与 PE			12 V
CC2 与 PE			0 V

（3）检测直流充电枪零部件。

所测直流充电枪额定电压：_____，额定电流：_____，额定功率：_____。

检测直流充电枪，完成直流充电枪检测表（见表 4-4-14）。

表 4-4-14　直流充电枪检测表

检测部件及参数	检测条件	检测值
锁枪电磁阀电阻	任何时候	
按钮开关	按钮压下	
	按钮弹起	
位置开关	锁止	
	解锁	

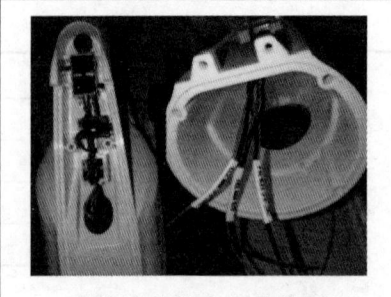

直流充电枪内部结构图

4. 实车拆装车载充电机。

(1) 列举车载充电机拆装步骤及注意事项,完成车载充电机拆装表(见表 4-4-15)。

表 4-4-15　车载充电机拆装表

序号	拆装项目	实用工具	注意事项
1			
2			
3			
4			
5			
6			

(2) 实车拆装车载充电机。

(3) 绘制实车车载充电机高低压电路图,并展示评价。

七、评价反馈

组员进行自我评价、相互评价,完成学习评价表(见表 4-4-16)的相应内容。

组间评价说明:

(1)操作评价。组员交叉进行元件认知评价。

(2)评价要求。组间评价表由评价人给予对应评价等级:单行全对的得"A",错两个(含)以下得"B",错两个以上得"C"。

表 4-4-16 学习评价表

项目	评价内容		评价等级		
			A	B	C
自我评价	学到的知识点:				
	学到的技能点:				
	不理解的有:				
	还需要深化学习并提升的有:				
组内评价	○按时到场　　　○工装齐备　　　○书、本、笔齐全				
	○安全操作　　　○责任心强　　　○8S管理规范				
	○学习积极主动　○合理使用教学资源　○主动帮助他人				
	○接受工作分配　○有效沟通　　　○高效完成工作任务				
	检测项目	检测值			
	交流充电	CC-PE 电阻(枪端)——按钮按下				
		CC-PE 电阻(枪端)——按钮弹起				
		CC-PE 电压(车端)——插枪				
		CP-PE 电压(车端)——充电				
	直流充电	CC1-PE 电阻(枪端)				
		CC2-PE 电阻(枪端)				
		CC1-PE 电阻(车端)				
		CC2-PE 电阻(车端)				
小组评语及建议	他(她)做到了: 他(她)的不足: 给他(她)的建议:		组长签名: 　　年　月　日		
老师评语及建议			评价等级: 老师签名: 　　年　月　日		

八、学习资料

（一）车辆充电枪及充电口检测

1. 交流充电枪的结构组成

便携式交流充电枪主要由充电枪枪头、高压充电线、缆上控制盒、220 V 单相插头组成，充电枪枪头上配置有防止充电时枪头从车上充电口脱落的机械锁锁扣和解锁按键（见图 4-4-7）。

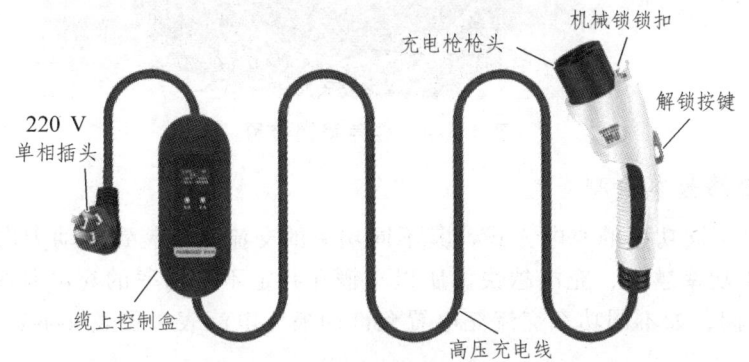

图 4-4-7　便携式交流充电枪

一般情况下，当充电完成后，相应的接触器自动断开。如果当车辆还未充满电，车辆还在充电过程中，紧急拔下充电枪时需注意，在拔掉充电枪前要先长按充电枪上的解锁按钮 1~3 min，再拔掉充电枪，防止因拔充电枪过快有电弧击伤。长按充电枪上的按钮可以改变充电枪中 CC 与 PE 的电阻值（按下按钮变成 3.3 kΩ 或无穷大，因充电枪而异），使车辆相关控制系统确认车辆需停止充电，相应的接触器断开，再安全拔枪。

2. 车辆交流充电锁

交流充电锁（见图 4-4-8）的功能：一是防止正在充电时误拔充电枪；二是防止家用类的充电枪被偷。当充电过程中汽车出现故障时，为防止充电枪无法正常拔下，同时还配备有应急解锁装置（见图 4-4-9）。电锁的应急解锁就是电子功能失效时可以通过电锁的应急锁拉开锁销，从而拔掉充电枪。电锁开启条件：① 仪表设置；② 插上充电枪；③ 闭锁车门或充电启动。

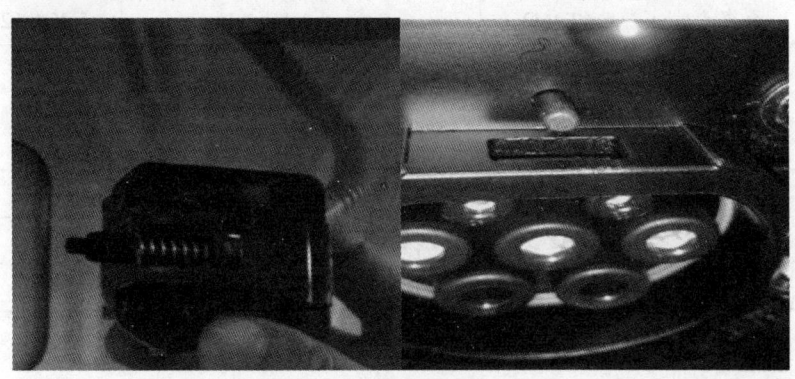

图 4-4-8　车辆交流充电锁

图 4-4-9 应急解锁装置

3. 交流充电枪端基本检测

由于交流充电有不同功率的充电方式，其不同功率的交流充电装置对动力电池充满的时间就有所不同，正常情况下功率越大，充电越快。所以车辆在判定不同功率的充电系统时，所检测的 CC 与 PE 间的电阻值不同，如不同功率交流充电置允许的最大电流表（见表 4-4-17）。

表 4-4-17　不同功率交流充电置允许的最大电流表

功率	允许输出最大电流	枪端 CC 与 PE 之间的电阻
2 kW 充电枪	8 A	1 500 Ω
3.3 kW 充电枪	16 A	680 Ω
7 kW 充电盒或充电桩	32 A	220 Ω
40 kW 充电盒	63 A	100 Ω

4. 直流充电口基本检测（见表 4-4-18）

表 4-4-18　直流充电口基本检测

车端充电口	电阻	反表笔测	电压（BMS 未工作时）	电压（BMS 工作时）
CC1 与 PE	1.0 kΩ	1.0 kΩ	0 V	0 V
CC2 与 PE	无穷大	4.57 MΩ	0.1 V	5 V（12 V，因车而异）

5. 直流充电枪端基本检测（见表 4-4-19）

表 4-4-19　直流充电枪端基本检测

枪端充电口	电阻（未按下 S 开关）	电阻（按下 S 开关）	电压
CC1 与 PE	0.717 kΩ	1.815 kΩ	12 V
CC2 与 PE	0.650 kΩ	0.650 kΩ	0 V

（二）车载充电机充电过程

3.3 kW 功率以内的单相交流充电均是通过车载充电机（OBC）进行的，而功率大于 3.3 kW 的交流充电（含单相和三相交流）是通过 VTOG 进行的。小功率充电时，OBC 的效率要高于 VTOG。

其交流充电过程：当交流充电枪插到车上的交流充电总成后，首先充电车端的 CC 检测到充电枪端的 CC 与 PE 的电阻 R_C，车端的 CC 与充电枪端的 CC、R_C、PE 形成回路，CC 端的电压（检测点 3）被拉低，车辆充电控制装置接收到拉低的电压，被告知车辆要进行充电了，仪表的充电指示灯点亮，这时车辆充电控制装置通过充电感应信号唤醒电池管理器（BMS），BMS 进入工作控制相对应的接触器闭合（预充接触器、主正负极接触器、交流接触器等），然后充电枪端的 CP 感知到车端的 R_3 电阻，电压拉低到 9 V 左右，当车端 S_2 闭合，R_2 被检测到后，电压再次拉低到 6 V 左右，这时充电设备被告知与车的连接状态和车内的控制动作已完成，充电设备端控制相关接触器闭合（K_1、K_2），其原理图如图 4-4-10 所示；最后，充电设备上的交流电经过对接口进入车载充电机，由车载充电将交流电进行转换（交流变直流）并升压后给动力电池充电；同时转换成的直流高压也流入 DC-DC 转换器，使 DC-DC 转换器工作并给车上辅助蓄电池充电（对大电池充电的同时也对小蓄电池充电）。

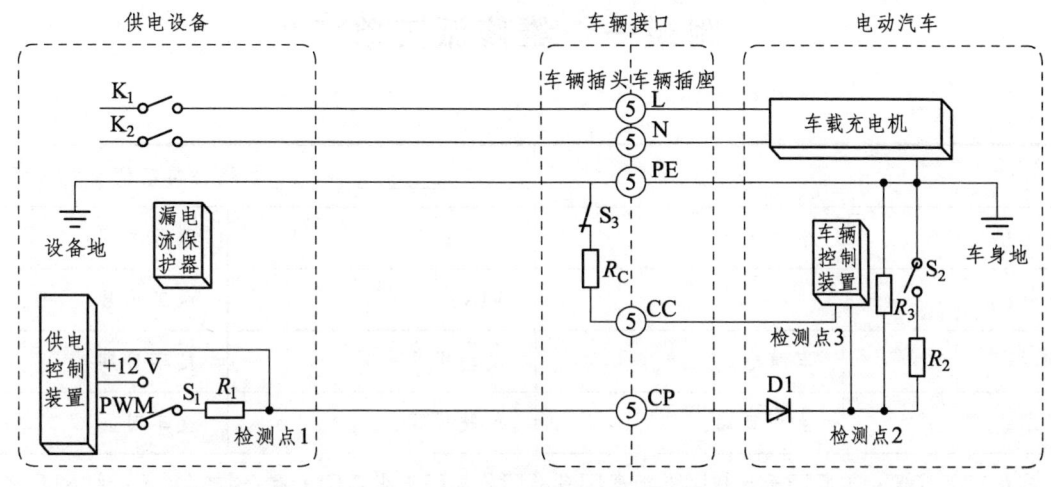

图 4-4-10　交流充电设备与车的对接图

CC 是用来告知车辆充电的连接状态和控制车端接触器的闭合信号，而 CP 是用来告知充电设备充电就绪已完成和控制充电设备的接触器闭合信号。

在车辆充电过程中，根据充电功率的不同，采用不同的充电方式，其中充电的控制确认线 CP 输出的是一种占空比（PWM）信号，而且它的占空比因交流充电设备的功率不同而不同，一般情况下，充电设备的功率越大，它的占空比就越大，如表 4-4-20 所示。

表 4-4-20　不同功率设备 CP 占空比

充电设备功率	CP 占空比
3.3 kW 充电枪	20%～30%
7 kW 充电盒或充电桩	35%～50%
40 kW 充电盒	70%～80%

附 录

附录一 维修派工单

			_____有限公司车辆委托维修派工单		
顾客姓名：	联系电话：		地址：	服务顾问：	
身份证号：			VIN：	派工单号：	
车型：	车牌号：		发动机号：	接车日期：	
购车日期：	生产日期：		行驶里程：	交车时间：	
随车工具及附件状况：工具□ 千斤顶□ 点烟器□ 备胎□ 轮罩□ 灭火器□ （有：打√ 无：打×）					
车辆检查项目					
车身外观情况					
车身及漆面状况	□	□	雨刮片状况	□	□
前后灯状况	□	□	前后保险杠状况	□	□
车门玻璃状况	□	□	前（左右）轮胎状况	□	□
后（左右）轮胎状况	□	□	天窗状况	□	□
油箱注油口盖	□	□	前后风挡玻璃状况	□	□
车内部情况					
座椅及内饰状况	□	□	剩余燃油状况	0□ 1/4□ 1/2□ 3/4□ 1□	
喇叭/指示/警告灯	□	□			
车内是否有贵重物品	有□	无□			
车辆检查项目说明：	好：打√			损坏（有故障）：打×	
				外观缺损： 有□ 无□	

续表

序号	报修项目	维修项目	C、G、E	维修班组	工时费/元	更换备件	辅料
1							
2							
3							
4							
5							
6							

说明：　　C：检修　　　　　　G：调整　　　　　　　E：更换

顾客要求：	顾客签字（盖章）：
建议维修或增补项目	
	顾客签字（盖章）：
车辆清洁状况：　　　　　干净□　　　　　　不干净□	顾客凭此联提车，请妥善保管顾客联（第一联）
维修班组签字（盖章）：	质检员签字（盖章）：
说明：本派工单一式三份，顾客联（第一联）、车间联（第二联）、财务联（第三联），双方签字后，派工单上所记录内容均要遵守	

附录二 结构图评价表

_____结构图评价表

评价组：第_____组　　　日期：_____年_____月_____日

评价指标	评价要点	评分要求	机电一组	机电二组	机电三组	机电四组	机电五组	机电六组
专业知识	系统部件	正确、完整性	优：10~8；良：7~5；中：4~3；差：2~0						
	元件名称	正确、完整性	优：10~8；良：7~5；中：4~3；差：2~0						
	元件代码	正确、完整性	优：10~8；良：7~5；中：4~3；差：2~0						
	元件外形	形象性、逼真性	优：10~8；良：7~5；中：4~3；差：2~0						
	输入信号	正确、完整性	优：10~8；良：7~5；中：4~3；差：2~0						
	输出信号	正确、完整性	优：10~8；良：7~5；中：4~3；差：2~0						
方案能力	版面布局	空间合理、版面整洁	优：10~8；良：7~5；中：4~3；差：2~0						
	色彩线条	对比鲜明、粗细合理	优：10~8；良：7~5；中：4~3；差：2~0						
	文字书写	工整、艺术性	优：10~8；良：7~5；中：4~3；差：2~0						
展示能力	仪容仪表	端庄、自然、精神饱满	优：10~8；良：7~5；中：4~3；差：2~0						
	条理性	主题明确、条理清晰	优：10~8；良：7~5；中：4~3；差：2~0						
	语言表达	吐字清晰、声音洪亮	优：10~8；良：7~5；中：4~3；差：2~0						
	肢体动作	朝向观众、动作合理	优：10~8；良：7~5；中：4~3；差：2~0						

续表

评价指标		评价要点	评分要求	机电一组	机电二组	机电三组	机电四组	机电五组	机电六组
创新性	电路图绘制	文字、背景、色彩、素材具有独特性,有视觉美感	优:10~8;良:7~5;中:4~3;差:2~0						
	展示/答疑	仪表、神态等肢体语言别具一格,具有感染力	优:10~8;良:7~5;中:4~3;差:2~0						
	过程管控	优化人员组织、过程管控有新思路(含诊断、团队协作)	优:10~8;良:7~5;中:4~3;差:2~0						
团队合作	工作计划	合理性、执行性	优:10~8;良:7~5;中:4~3;差:2~0						
	工作进程	交流沟通,团结协作	优:10~8;良:7~5;中:4~3;差:2~0						
	工作效果	保质保量,按时完成	优:10~8;良:7~5;中:4~3;差:2~0						
8S管理	安全	意识强,无隐患,无事故	优:10~8;良:7~5;中:4~3;差:2~0						
	节约	维修报价、资料器材等使用合理	优:10~8;良:7~5;中:4~3;差:2~0						
	整理、整顿	工具、零件、油水三不落地	优:10~8;良:7~5;中:4~3;差:2~0						
	清扫、清洁	实训台架、工作台、工具零件干净	优:10~8;良:7~5;中:4~3;差:2~0						
	素养、学习	工单规范填写,零件、工具、材料整齐归位,实时进行8S管理	优:10~8;良:7~5;中:4~3差:2~0						
合计									

附录三 电路图评价表

_____电路图评价表

评价组：第_____组　　日期：_____年_____月_____日

评价指标		评价要点	评分要求	机电一组	机电二组	机电三组	机电四组	机电五组	机电六组
专业知识	系统部件	正确、完整性	优：10~8；良：7~5；中：4~3；差：2~0						
	元件名称	正确、完整性	优：10~8；良：7~5；中：4~3；差：2~0						
	元件代码	正确、完整性	优：10~8；良：7~5；中：4~3；差：2~0						
	内部结构	正确、完整性	优：10~8；良：7~5；中：4~3；差：2~0						
	端子号码	正确、完整性	优：10~8；良：7~5；中：4~3；差：2~0						
	导线颜色	正确、完整性	优：10~8；良：7~5；中：4~3；差：2~0						
方案能力	版面布局	空间合理、版面整洁	优：10~8；良：7~5；中：4~3；差：2~0						
	色彩线条	对比鲜明、粗细合理	优：10~8；良：7~5；中：4~3；差：2~0						
	文字书写	工整、艺术性	优：10~8；良：7~5；中：4~3；差：2~0						
展示能力	仪容仪表	端庄、自然、精神饱满	优：10~8；良：7~5；中：4~3；差：2~0						
	条理性	主题明确、条理清晰	优：10~8；良：7~5；中：4~3；差：2~0						
	语言表达	吐字清晰、声音洪亮	优：10~8；良：7~5；中：4~3；差：2~0						
	肢体动作	朝向观众、动作合理	优：10~8；良：7~5；中：4~3；差：2~0						

续表

评价指标		评价要点	评分要求	机电一组	机电二组	机电三组	机电四组	机电五组	机电六组
创新性	电路图绘制	文字、背景、色彩、素材具有独特性,有视觉美感	优:10~8;良:7~5;中:4~3;差:2~0						
	展示/答疑	仪表、神态等肢体语言别具一格,具有感染力	优:10~8;良:7~5;中:4~3;差:2~0						
	过程管控	优化人员组织、过程管控有新思路(含诊断、团队协作)	优:10~8;良:7~5;中:4~3;差:2~0						
团队合作	工作计划	合理性、执行性	优:10~8;良:7~5;中:4~3;差:2~0						
	工作进程	交流沟通,团结协作	优:10~8;良:7~5;中:4~3;差:2~0						
	工作效果	保质保量,按时完成	优:10~8;良:7~5;中:4~3;差:2~0						
8S管理	安全	意识强,无隐患,无事故	优:10~8;良:7~5;中:4~3;差:2~0						
	节约	维修报价、资料器材等使用合理	优:10~8;良:7~5;中:4~3;差:2~0						
	整理、整顿	工具、零件、油水三不落地	优:10~8;良:7~5;中:4~3;差:2~0						
	清扫、清洁	实训台架、工作台、工具零件干净	优:10~8;良:7~5;中:4~3;差:2~0						
	素养、学习	工单规范填写,零件、工具、材料整齐归位,按时进行8S管理	优:10~8;良:7~5;中:4~3;差:2~0						
合 计									

附录四 故障排除评价表

_____故障排除评价表

评价组：第_____组　　日期：_____年_____月_____日

评价指标		评价要点	评分要求	机电组一	机电二组	机电三组	机电四组	机电五组	机电六组
PPT制作能力	诊断思路	主题突出、遵循实际排故过程	优：10~8；良：7~5；中：4~3；差：2~0						
	视觉效果	素材真实、图文并茂、动画切换合理	优：10~8；良：7~5；中：4~3；差：2~0						
	文字背景	版面合适、文字突出、背景映衬效果	优：10~8；良：7~5；中：4~3；差：2~0						
展示能力	仪容仪表	端庄、自然、精神饱满	优：10~8；良：7~5；中：4~3；差：2~0						
	条理性	主题明确、条理清晰	优：10~8；良：7~5；中：4~3；差：2~0						
	语言表达	吐字清晰、声音洪亮	优：10~8；良：7~5；中：4~3；差：2~0						
	肢体动作	朝向观众、动作合理	优：10~8；良：7~5；中：4~3；差：2~0						
诊断能力	故障确认	正确、完整、规范性	优：10~8；良：7~5；中：4~3；差：2~0						
	故障检测	正确选用工具，规范检测线路、元件	优：10~8；良：7~5；中：4~3；差：2~0						
	确定部位	描述专业、完整、规范性	优：10~8；良：7~5；中：4~3；差：2~0						
	故障修复	恢复性能、安全节约	优：10~8；良：7~5；中：4~3；差：2~0						
	完工检验	性能检验、器件恢复	优：10~8；良：7~5；中：4~3；差：2~0						

续表

评价指		评价要点	评分要求	机电组一	机电二组	机电三组	机电四组	机电五组	机电六组
创新性	PPT制作	文字、背景、色彩、素材具有独特性，有视觉美感	优：10~8；良：7~5；中：4~3；差：2~0						
	展示/答疑	仪表、神态等肢体语言别具一格，具有感染力	优：10~8；良：7~5；中：4~3；差：2~0						
	过程管控	优化人员组织、过程管控有新思路（含诊断、团队协作）	优：10~8；良：7~5；中：4~3；差：2~0						
团队合作	工作计划	合理性、执行性	优：10~8；良：7~5；中：4~3；差：2~0						
	工作进程	交流沟通，团结协作	优：10~8；良：7~5；中：4~3；差：2~0						
	工作效果	保质保量，按时完成	优：10~8；良：7~5；中：4~3；差：2~0						
8S管理	安全	意识强，无隐患，无事故	优：10~8；良：7~5；中：4~3；差：2~0						
	节约	维修报价、资料器材等使用合理	优：10~8；良：7~5；中：4~3；差：2~0						
	整理、整顿	工具、零件、油水三不落地	优：10~8；良：7~5；中：4~3；差：2~0						
	清扫、清洁	实训台架、工作台、工具零件干净	优：10~8；良：7~5；中：4~3；差：2~0						
	素养、学习	工单规范填写，零件、工具材料整齐归位，实时进行8S管理	优：10~8；良：7~5；中：4~3；差：2~0						
合计									

参考文献

[1] 李正国,何军,朱晓春.电动汽车整车故障诊断与分析[M].北京:清华大学出版社,2019.
[2] 王玉彪,石功名.新能源汽车动力电池系统与充电系统[M].北京:机械工业出版社,2021.